幸好不漂亮

蕭綽——著

推薦序

我們的內在決定我們的長相

丁寧

我從小到大都不漂亮，因為我有一個很漂亮的姐姐，所以我知道我再怎麼樣都沒有辦法像她這麼漂亮，她不只漂亮，功課第一，而且還彈了一手好鋼琴，我不知道是不是這個原因，她會的我都不會，我也不學。於是我爬樹、抓蝌蚪，打架、打工、找麻煩，做很多她做不到的事。

（長大後她跟我說一直很羨慕我腦袋轉得快。）

可能媽媽也發現我不漂亮，在我國小三年級的時候跟我說：「等你長大，媽媽帶你去割雙眼皮。」

「我才不要咧，等我長大就流行單眼皮了。」我現在想想都不知道當時怎麼會對自己這麼有自信，可能是我在很早的時候就放棄或放下外在這件事，但是我去做很多讓我很開心的事，也因為開心，所以自我認同與自信就一層一層地累積起來，成了我這一個人的根基。

於是我學會不從外表去看一件事情。

進入演藝圈後，我又開始面對一波對外表認同的拉鋸賽，至少有三十個人叫我去整形。當不斷被講到一個程度，那時候你真的快要相信，你的不成功是因為你長得不漂亮。

這時，從小就培養起來的運動習慣對我帶來很大的幫助。身心是連結的，在我心智脆弱或很想去整形時，就會去運動，運動完身體強壯了，心也跟著強壯，然後，就又暫時不會去想整形這件事。

同時我也非常感謝我的身邊很多前仆後繼去整形的人，我不確定自己是不是能夠有那份好運，能整得像他們一樣好看，再加上我也沒有這樣的金錢能力，只好選擇最省錢的方法——也就是更認真、更努力、更不抱怨、更勇敢。

我看大量的電影、大量的書、大量的表演，非常珍惜每一次演出的機會，然後我發現一件事：在做這些事情或者是在演戲的時候都讓我很開心，當我開心的時候，怎麼看都覺得自己漂亮極了，即使我演的是一個灰頭土臉的村姑，但是我也常在綜藝節目裡穿得很漂亮、很性感、化很好看的妝的時候，覺得自己長得很奇怪……於是，我發現一件事——我們的內在決定我們的長相。

我的努力、我的付出有被看到，我的心很愉悅，我就會覺得自己很漂亮。

於是，我確定要做的事就是要讓自己不斷覺得開心，因為我的開心，能讓我越能接受挑戰，讓我的工作做得更好，讓我的內在力量不斷增強，外在條件就不會干擾我太多。

當你的能力被看到，你的長相就變成一個助力，特別在我拿下金馬獎的時候，我當時心想：如果我長得像林志玲，這個角色是輪不到我演的。

所有我們現在擁有的都是我們最好的配備，這也是我們僅有的，當我們珍惜僅有的，並且將它發揚光大，你可以做到的事應該連自己都想像不到。

而所有你覺得你不夠的、不美的，都跟你的外在沒有關係，你的內在世界決定你外在價值，也就是說，當你跟自己沒問題了，跟這個世界就沒有問題了。

好好珍惜你的不漂亮，幸好。

（本文作者為暢銷作家）

推薦序

當找到自己時，全世界都會來愛你

陳寧

閱讀完此書，將會對外貌充滿焦慮的你，帶來一份沉著而深刻的依靠，對於我而言，也將原以為整理好了，但卻不夠堅定的美的認知，進行又一次細密的梳理。

從前，我曾迷失於顏值的世界，厭棄自己的小眼睛，以及粉刺痘痘亂竄的油性肌膚。幸好足夠樂觀，總覺得自己還算是個「長得不錯」的中上女生，倘若遇到感情對象，不用手指掐算也認為有六七成把握。

但是好景不常，我於風華正茂的二十四歲，一頭撞上了全臺最大的公安事件——八仙塵燃，雖然面容依舊，身體卻被瞬間火吻了五十八％

的大面積燒傷，疤痕瘋狂增生了數年，減退期也十分緩慢，直到現在都不見其淡去。

夏天的時候，我看著捷運中一車車辣妹、正妹穿著小短裙，恣意地享用她們的青春，因為腳上一點黑色素沉澱難過，因為臉上局部的雀斑而傷感，反觀自己同樣年輕，卻在盛夏的午後被壓力衣緊繃地包圍，簡直大相逕庭如同坐牢一般。

剛發生事情的幾年，要是路人回頭，我絕不認為他在欣賞我的美，或是想要搭訕、做朋友，而是覺得我奇怪：「那個人發生了什麼事嗎？是燒燙傷嗎？」

後來自己從感情中分手了，追求者人數直線下滑，嘘寒問暖的人全都不見了，或者曾經出現又半路失蹤，最後僅徒留了好幾句：「妳真勇敢！」但天知道我渴求的不是這些，我仍希望某天，有一個人能穿透軀殼的幻象，撥開那些防身的刺，輕易地找到我的靈魂，並看見心上的清明透亮。

在美不美、愛與不愛自己、婚戀市場的低價值感中數度迷失後，如同作者蕭緯所述：「美是種讓人愉悅的力量，恰如其分的和諧，是智慧、能力、理解力與社交氣質的綜合。」

當我漸漸透過身心靈療癒，開始瓦解許多內在的限制性信念。理解了好看的外貌固然有優勢，卻無法保證獲得穩當的幸福，許多在我身邊擁有出色外貌的女性，不見得是天之嬌女，專屬於她們的煩惱也很多，經常困惑於這個世界陸續降臨的挑戰，那些被自己與他人所賦予，關於工作、能力、感情的高標準與「應該」，一張漂亮的臉，變得不如從前般遂心如意。而普通的女孩，反而有時間去注意漂亮以外的事情，專注於人格特質的形塑，依循自己的步調成長，更有機會活成一個個有趣無比的靈魂。

除此之外，「美感」是很抽象的，不僅僅停留於皮囊外觀上的呈現，還能透過得宜的穿搭、優雅的談吐、純良友善的內心、卓越的能力、足以回應他人需求的能力等狀態合併展現，讓我再次相信自己能夠經過沉澱及歲月的淘洗，重新活成一個又真又美的人。

看似殘暴的意外事件，所烙下的滿身傷痕，乍看奪走了我的幸運，將不錯的初始值狠狠歸零，但事情總有一體兩面，壞處背面即是好處啊！每當我想起，「膚況」已然轉化為一個高效的漏斗與篩選器，能將不夠認真的人先行請走，更精準地辨識出「真心及誠意」的所在位置，讓自己不至於在愛情中繞路與周折，儘管只剩一兩成的擇偶成功率，我也更能說服自己勇氣去愛了，因為先愛才有機會遇上不可思議，因為愛總能讓人長成豐滿的模樣。

本書作者用洗鍊的文字、清楚的邏輯及諸多貼近人心的故事，與讀者一齊重新探討美的定義，擴充對美感狹義的認知範圍，引導我們如何在這個「顏值即正義」「顏值取勝」現代社會的旋風中站穩腳步，同時擊碎許多不利於自我發展及錯誤的認知，最後沉著地、深深地愛上真實的自己。

每個人都有獨一無二的「故事性」與「輪廓」。

在我們的生命中，來這大千世界闖蕩一回，可以預期的是，將會發生許多大大小小的事件（可視為一個又一個小點），不斷描繪著我們的輪廓，好的也行，壞的也罷，我們只能盡情地去感受與經歷、學習並通過它們，讓這一條線透過時間去縫合與串聯，然後一個具象的、有如古代星座般的輪廓便會浮現，你看到了嗎？這正是你專屬的識別，真實存在的軌跡，整片星空因為你而熠熠生輝。所以別再競逐一般無二的「完美」，當你Hold不住時，完美始終令人墜落，並會無理捏碎我們獨一無二的形狀。

愛美是男人、女人的天性，也是動物性的本然。

《幸好不漂亮》就像一組高級望遠鏡，透過根本的了解，帶領我們去發現美的遼闊，讓美不再如同停滯的水，只能裝在花瓶或保留於池塘中，不再抽象並有機會與可能去打造，只要你願意重新拾起失落。

「當找到自己時，全世界都會來愛你。」

願世上越來越多人貼近自我，悅納自己的本質，沉溺於醒來的美好，那一刻真正的光明才會灑落，並驅趕微笑背後的焦慮。其實長得好看是一種「大自在」，可以吸引更多靈魂一起掙脫漂亮的牢籠，變得更加鮮活！誠摯的推薦此書給每一個美人。

（本文作者為《15度的勇敢：塵燃女孩的900天告白》作者）

各界推薦

顏值這回事從來都只是短暫光輝，容顏總有一天隨著時間不再年輕，跟上了今天的趨勢也難保不會被明天的潮流給淘汰掉。蕭緯的《幸好不漂亮》獻給所有女性心中的小女孩，學會如何愛人愛己，我們都能擁有終身美麗的本事。

——IG作家／3am.talk

剛出社會的我，曾經很幼稚，職場不順利，就覺得自己人生已經告一段落了，二十五歲之後，也許就這樣渾噩下去了吧。

但後來過一陣子我發現，與其一直說埋怨現狀，又一直待在軟爛的狀態裡面，踐踏自己、打臉自己，不如逃離這瘋狂的世界。加上與其被不熟的同事碎嘴說：「她工作運不好」。不如靠自己的實力，扭轉情勢。

也許我的例子很極端，我透過轉換工作，試圖尋找留身之處，工作邁入第五年，我換了六份正職工作，其中八個月，還沒有正職，當了自由工作者，心靈卻感到無比自由。

唯有你花時間跨界走過一回，你才能試驗，自己的能力到哪裡，是否沒有公司的保護傘，你也能闖蕩得很好，不會遍體鱗傷，或者你能選擇在公司的保護傘下，借力使力，好好地發揮自己的能力，同時一邊做你想做的事情。任何你所花時間打造的，都會隨著時間還給你，如同書中說的，即便你曾過著不如外界所想的光鮮亮麗，但只要你願意花時間改變自己，就能活得精采、走得漂亮。

——媒體人／少女凱倫

這世界善惡都如此難分了，何況是美醜。而只活在他人的眼光之中，無論再怎麼十全十美的人也終將不快樂吧！《幸好不漂亮》想出這書名的作者，我怎麼想都覺得她一定有她自己獨特的美。

——暢銷金曲混音師／黃文萱

這幾年在減肥門診看到許多漂亮女生擔心變老、變胖，焦慮到睡不著。其實，外貌只是第一印象，能由衷欣賞歲月帶來的智慧，活出真實自信魅力，才是踏實的幸福。本書用豐富案例重新詮釋美的定義，值得細細品味。

——晨光健康營養專科諮詢中心院長／趙函穎

序
漂不漂亮，時間會給你答案

「是什麼讓你每天看起來都神采奕奕，從不止步於現在所取得的成績？有什麼祕訣嗎？因為我可不會在人生的中場時刻選擇再次創業。」一次聚會後，一位朋友這樣問我。

「其實沒什麼祕訣，只不過，我能看到十年後自己的樣子。」我篤定地說道。

是的，我曾經歷過不堪回首的事業困頓期，眼看著公司面臨十年來最大的危機，為了顧全大局，我選擇了離開……似乎，曾經的胼手胝足、嘔心瀝血都在一瞬間化為泡影。

學習游泳時，可能有一百種方式，而嗆水卻很簡單，那就是不願承認你嗆水了。我得承認，那一次，我嗆到了。

在投資原理中，你期待得到的投資報酬率越高，需要承擔的風險就越大。身在商場，就無法避免風險。很快地，我接納了自己暫時的失意，重新思考事件的前因後果，從混亂中找到解決之道，迅速振作起來。

我決定二次創業。

因為，我清楚知道自己的優勢所在，我擁有別人無法奪走的策畫經驗和出版經驗，這一點，讓我在第一次創業時把公司做到了不錯的規模，第二次，我也能。

我深信，十年後的我，有著堅定無畏的眼神和更加積極包容的心態；十年後的我，被一群朝氣蓬勃的年輕人包圍著，在一次次腦力激盪中創作出更多好作品；十年後，公司已經有一定的影響力，並透過書籍、知識付費、線上教育等方式對更多人產生積極的影響……

更重要的是，十年後，我會有更多的閒暇和愛人一起共度愉悅時光……何其有幸，一直在身後默默支持我的他，始終對我不離不棄，無條件支持。

我們是在工作之後才相遇的。他善良又體貼，這些年的感情也始終不變。晚上如果回家晚了，他會打電話來細細叮嚀。有任何委屈痛苦，他都會想辦法幫我化解。

曾經，和他一起去看我的朋友。朋友開玩笑地說我長得沒有他好看。我一挺胸說：「我覺得我滿好看的呀！」其實，我真的不漂亮，我心裡也清楚。但我敢想敢做，有著一顆永遠不服輸的心，不是那麼看重一城一地的得失，同時還善解人意，這一點，也許是我性格中最大的優勢。

其實，我們想要的，不過是好的、相互扶持的感情，可以柴米油鹽，也可以琴瑟和鳴，這需要我們付出共同的努力。實現自己夢想的同時，還能擁有美滿的家庭，這是可能的。我既想做一位出色的妻子、媽媽，也想做出色的自己。但我需要兼顧事業和家庭，所以，我必須比別人更努力。

在工作場合，我從來都不是精緻的職場ＯＬ打扮。在某次討論任命我做集團財務總監的會議上，後來有參與會議的人告訴我，當時老闆這麼說我：「她經常穿牛仔褲，以後在商務場合上可不可以請她注意一點？」真正讓我在職場上進步，以及後來支撐我創業的東西，是我內心一種澎湃奔湧的力量，和我平時樂觀豁達的處世風格以及相貌一點關係都沒有。

人們會接受你真實的樣子，哪怕這需要他們花時間去習慣。即使你和他們認識的別的女性不一樣，即使你和他們想像中的女性特質不一樣，你也可以成為你想成為的那個人。

好看的人和富二代一樣，總是可以理所當然地接受命運的饋贈；而相貌平平的我們，則學會了怎麼應對生活，怎麼在沒有得到老天的禮物的情況下發展出自己的優勢。

也許，你曾經因為不好看，而覺得自己從小就沒有得到足夠的愛。不過，愛和世間的其他事情一樣，往往不能一步到位。因為愛也是一種能力，需要在不同的經歷中慢慢打磨。

而人們掛在嘴邊、夢寐以求的所謂情商高，其實就是給出愛的能力比較高。也許這種愛不是具體的關心，它更有可能表現為一種讓人舒適的感受。在我的理解中，情商從來都不是刻意討好別人，而是讓接觸到你的每個人都變得更自由，也更具包容心。我認為，這更符合美的真諦，因為美就是一種讓人愉快的力量。

美，也不僅限於漂亮的外表和美好的心靈，更在於敢向不完美的人生宣戰的勇氣。

我長得很普通，但我很少過度關注自己的長相，即使偶爾想到，也甚覺幸運。因為在我看來，漂亮是一種需要駕馭的資源，而年輕時，我們往往缺乏駕馭的能力。而那些覺得自己不漂亮的人，更可能獲得一項特別的能力，那就是打破生活局限的能力。不漂亮、好不好，都要看你怎麼去看待。從這個意義上說，長得美，不如「想」得美。只要我們擁有足夠的自信，就可以設計自己的生活，做自己人生的導演。

果斷而優雅，無畏而堅定，內心豐盈而有力量，這是我對自己的期待，也是送給你的祝福。

真正的美，並不是給外人看的，而是自己對自己的感知。是讓身心由內而外真正地舒展——讓那個真正的自己走出來，就已足夠迷人。

目錄

CHAPTER

02

不要讓所有天賦和努力被一句「天選」，就輕輕掩埋

CHAPTER

03

給你安全感的不是「依靠」而是「成為」

CHAPTER

04

顏值是一枚限量版紀念幣

CHAPTER 05

智慧比顏值更能帶來一場心動

CHAPTER

06 把美當作結果，而不是開端

CHAPTER

07

生命的重心 在它褪盡鉛華之後

命運所饋贈的禮物，早已在暗中標好了價格

CHAPTER
01

世上只有兩類悲劇，
有些人總是不能遂願，
而有些人總是心想事成。
——王爾德《溫夫人的扇子》

1. 漂亮是捷徑，也是險招

某天，新書發表會上，有個女孩跑來問我：「我覺得自己的命太苦了，為什麼會這樣？」

我說：「不要羨慕別人命好，永遠不要。」

天生命好的人，我見過不少。

在我念書的時候，結識了一位外系的同學。她漂亮、時尚、成績好，不僅學校裡的男生都圍著她打轉，就連一些有體面工作的社會菁英人士也來向她獻殷勤。

對於婚姻，她有很大的選擇餘地，精心揀選一番後，她和一位算得上十全十美的男子走入了婚姻。

婚後，先生的表現的確是無可挑剔。他工作勤勉，自動自發地承擔家務，孝敬雙方父母。可是我這位同學總是感到空虛，想發脾氣，卻又找不到任何理由。她總是覺得很冷，到後來晚上都要戴著手套、穿著襪子睡覺。

她的這段婚姻在八年後，男方以「遇到真愛」宣告結束。這位同學悶悶不樂，她不明白問題出在哪裡，諮詢了很多人，也找了心理醫師，最後才明白，是因為這段婚姻缺乏真正的情感交流，男方只是在做自己心中的好老公，如此才能配得上這樣的好太太。

這樣的結局，說不上誰對誰錯，兩個人都是受害者。

更讓她感到壓抑的是，在婚姻破裂之前，她連傾訴對象都找不到。所有人都覺得她幸福極了，偶爾的幾句抱怨也被當作一種低調的炫耀。

每個普通人都曾飽嘗感情的酸甜苦辣，但這位女神似乎只嘗過甜。她見慣了追求者的曲意逢迎與苦苦壓抑，以致於分辨不出哪種甜背後帶著別人期待的苦澀，哪種甜背後只有追求者程式化的自我設定。

世間所有的幸運，都是收費的。那些沒有按時繳費的幸運，多半會加收利息。

因為，即使是對同一個人、同一件事的感情，也會因為時間的流逝，呈現不同的情感體驗。比如，一段你想要極力避免的經歷，如果發生在過去，就叫作後悔；而如果它尚未發生，只是你對未來的想像，那麼你體會到的就只能是焦慮。再比如，妒忌這種感情，一定混合著對他人的期待，和對自己的失望。

如果你仔細品嘗過各種感情的滋味，你會發現世界上沒有純粹的愛與恨，只有在流逝的時間中不斷翻騰、不斷展現的不同心態。這種不停出現、不停變化的情感，構成真實人性的底層潛流。

不管你多麼善於調整自己的心態，感情都會按照自己的邏輯顯現出來，這是感情本身的邏輯，誰也對抗不了。

一個未曾從各個角度體驗過感情的人，就無法弄懂感情的奧義。

比如，一個幸福的少女，從未嘗過思念的滋味就結了婚；婚後，她才猛然發現思念的滋味是那麼酸澀卻又美妙。於是，她很輕易地就把這種感覺定義為真正的愛情。

素有名媛之稱的陸小曼就是如此。她年紀輕輕時就嫁給了高級軍官王賡，婚後，平淡如水的生活讓她感到無聊。

後來她遇見了「情詩聖手」徐志摩。徐志摩的感情來得像暴風雨一樣猛烈，她也很快動了心。但對她來說，徐志摩的才氣就如王賡的軍銜一般，是追求她的男人理所當然具備的基本條件。她對徐志摩的感情也談不上珍惜，婚後，她不僅過著奢靡的生活，還保持著吸鴉片的惡習。

直到徐志摩去世之後，陸小曼這才體會到了徐志摩做為詩人的價值，開始為了出版他的書稿四處奔波。

思念與等待，欣賞與愛慕，是愛情中原本就包含的情感。普通人因為受挫多，期待低，在感情的開始階段就體會到這種五味雜陳的感覺，而陸小曼卻只粗略地品嘗個大概。

從徐志摩去世的那一天起，人們對陸小曼「不懂珍惜」的譴責就未曾停止。可我卻不這樣看——一個人要如何去珍惜自己未曾體會過的東西？沒有被完整體驗過的感情，往往禁不住歲月，一旦遭遇風雨，一瞬間就會破碎。這樣的情感迷局，不僅僅存在於男女之間的愛情裡，父母對孩子也是如此。天下有多少父母因為擔心孩子受到傷害，就小心翼翼地把孩子的心鎖在溫室裡。可是事實是，命運從不給任何人安排直達車。

茨威格在《斷頭王后》中說過一句很有名的話：「她那時還年輕，不知道命運的所有饋贈，早已在暗中標好了價格。」不僅標好了價格，而且還是高利貸。

人在年輕的時候，寬廣的未來在眼前漸次打開，即使遭遇了什麼坎坷，也有足夠的時間和信心去嘗試，去調整。

隨著時間的流逝，人生一天天豐盈，所有的未來，都是在過去錯誤的基礎上不斷累積。積累越多，坍塌後就越慘烈。就算發現錯了，也已經無法回頭。

所以，不要擔心眼前的代價，有可能轉過頭來，它就是老天給你的眷顧。

2. 僅憑美貌，是沒辦法與世界周旋的

我總是說不必太在意顏值或美貌，有些人可能會覺得我太不現實了，沒看到很多徵人啟事上都寫著「五官端正」的要求嗎？

那麼，徵人的時候，甚至是相親的時候，大家想要的這種「五官端正」或者是「美」，到底是什麼意思呢？

無論是相親還是招聘，本質上都是一種選拔制度。而我們很多人的夢魘——考大學就是選拔人才的機制。大學學力測驗是人生中最重要的一次考試，雖然後面還可以考研究所、考博士生，但也不排除很多單位很看重所謂「第一學歷」，也就是你大學上的是不是一流名校。我們不去評判這種現象是否合理，但現實中很多單位的確就是這麼做的。這種

做法公平嗎？它當然有一定的不公平之處。考大學的成績能完全代表以後的工作能力嗎？能看出一個人有沒有職業道德嗎？不一定。但是，不可否認，大學學力測驗做為一種延續至今的官方人才篩選制度，還是選拔出了大量心智成熟、智力水準較高的人才。

想在這場選拔制度裡有一個真正傾囊展示自己的機會，你就不能心理壓力太大。即使臨場發揮失常，也需要有一定的智力和心理素養去理解和解決問題，這樣的能力本身就是這場考試的考核標準之一——這就是大學學力測驗的公平之處。

美貌也一樣。就拿穿衣服來說，一個人能長期保持衣著大方得體，這背後的道理並不簡單。首先，能買得起幾套衣服，說明有一定的經濟水準，基本生活沒有問題；能保持衣著的整潔，說明他比較勤快；如果一個人能按照場合穿搭不同的衣服，那就是審美、情商、理解力和社交能力等素質的綜合體現。

法國哲學家羅蘭．巴特在《流行體系》這本書裡，就把服裝做為一種表達自己的方式來分析。文學是藝術，音樂是藝術，繪畫是藝術，服裝搭配得好，那也是藝術。有些人天生相貌還不錯，五官也算端正，但如果不懂得一套穿衣服的道理，就有可能會讓人覺得不合群。極端的情況就是大家去吃火鍋，有人穿了大衣，還抱怨別人弄髒了自己的衣服。

而商家推出的ＯＬ裝（職業女裝）、約會裝，也是為了迎合不同場合穿不同衣服的需要，所提供的便利服務。男生穿搭相對簡單，不過，平常你也沒見過哪個男生一身西裝革履去踢足球的吧？

化妝也是同理。一個女孩有恆心每天化妝，甚至還根據服裝和場合選擇不同妝容，都是一種能照顧到別人、對自己又有自制力的表現。重要的不是妝化得怎麼樣，人有多麼美，而是你透過化妝、服飾和對美的追求，表現出一種對社會規則的理解和認同。

這就是我所理解的「五官端正」。

曾經有個年輕人想找份理想的工作，就有人指點他，說某老闆每天都會去某咖啡館處理事情，你去那裡就能見到他。

這個年輕人很用心，他沒有立刻上前和這個老闆搭訕，而是也拿著一本筆記本，坐在隔壁桌處理自己的一些事情。由於他也連著很多天都到這家咖啡館，有時候老闆想要去洗手間，還要請他幫忙照管筆記本。於是，兩個人自然而然地聊起天來，很快地就熟識了。後來，老闆覺得他勤奮又有恆心，就錄用了他，對他也很重視。

其實，這個年輕人求職成功的道理，和很多人想選個相貌端正的員工，並沒有本質的區別。有耐心、有恆心、有一定的社交能力、能照顧到別人的需要——這也是美背後的一些基礎能力。

所以，用不著太看重外表美，也用不著太不在意外表美。我們通常所說的美，本質是一種綜合素質。這種美，不是要讓別人多高興，也不是讓自己多高興，它原本就不是娛樂性的，而是向每個看到你的人發射出一種信號——表示自己日常生活過得沒問題，人也比較好溝通——這就是人們在美這個詞裡寄託的一種基本要求。

《紅樓夢》裡有這樣一段內容：曾經有幾個嬤嬤說，有個叫甄寶玉的，長得和賈寶玉十分相似。賈母聽了不信，說大家子弟「除了臉上有殘疾的，十分黑醜的，大概看去都是一樣的齊整」。現在時代變化了，好看不再是什麼特權，只要我們稍微做一些修飾，也可以達到這種「一樣齊整」的效果。

所以，**能夠當作通行符號的那種美，既不神祕，也不難以獲得，更不用靠天生。而能夠充分發現並得體地運用自己的優勢，並透過正確的表達成為社會的一部分，卻是一種非常難得的天賦，這種天賦並不是人人都有的，但它卻是你在漫長歲月裡和人生周旋的最好的武器。**

3. 無條件的獲得，是失去的開始

在看臉的時代，外貌似乎成了不勞而獲最重要的關鍵。可是，依靠美貌獲得想要的東西真的如想像中那麼簡單而美好嗎？

人和人之間的攀比，從來都不僅限於外貌。在我身邊有很多努力工作、奮發向上的女孩子。論商場廝殺，她們一點也不比男人差。從她們身上，我除了看到外貌上的較勁，更能看到性格、能力、社交等各方面的激烈角逐。

有一次在辦公室，有人還起鬨說：「那麼拚做什麼？美女只需要負責漂亮就可以了！」

但其中一個漂亮的女生一邊忙著手邊的工作，一邊平靜地答道：「誰說長得好看就真的能不勞而獲？容易得到的東西也同樣容易失去。」

一句話堵得那人啞口無言，後來我們就再也沒有人提過這樣的話題。

「美女只需要負責美就可以了。」——這句話對女性而言，本身就是一個最大的騙局。當大家都只執著於美貌時，可能沒有考慮到這個問題：現在美貌可以透過整形獲得，透過化妝、美顏相機、PS等展現。但是，它卻也是最容易失去的東西，紫外線、歲月、細菌等都能輕而易舉地傷害它。美貌本身尚且這樣易得易失，遑論用它來無條件獲取什麼了。

你大可仔細想想，為什麼我們會偏執地堅信人可以無條件地獲得什麼？然後你可能就會發現，一個人會有這種妄想，很多情況下是出於兩種原因：要嘛生活不如意，要嘛能力不足。因為從未得到，所以不需要考慮失去，而越是優秀，越是賺得衣缽滿盆的人，往往就越明白毫無依仗的獲得並不牢靠，外貌也從來不是不勞而獲的通行證，實力才能給人穩穩的幸福。

可惜社會上多的是把美貌當作武器的年輕人，他們好像不需要付出，只憑一張俏臉就可以得到許多資源。

當容顏衰老，昭華流逝，容貌這把生鏽的武器還能為我們留下什麼？泛黃的老照片？還是泡沫般的回憶？

美貌、漂亮、出身……我們在心裡悄悄期許每一種能夠讓我們無條件獲得想要的一切的可能性，這樣的「好命」就像一座圍城，外面的人渴望擠進去，讓自己活得更輕鬆，讓自己少奮鬥十年，但其實身處其中的不少人卻想逃出來，害怕迷失自己，更不想讓自己在美夢裡越陷越深。

胡歌曾經在事業巔峰期選擇暫時隱退，入學進修。他曾說過：「如果我能有機會踏踏實實地學習、沉澱，我願放棄眼前的一切。」如果僅靠外貌就能輕易取勝，那麼高顏值的胡歌為什麼非得靠才華？

長久以來，我們總會習慣性地以最簡單的思維去定義外貌，總覺得長得好看就能為自己帶來好處，所以有許多人不斷去整形，以求用外貌獲利，將人性中對不勞而獲的渴望發揮至極致。小孩子才指望無條件獲得，成年人都是等價交換。

你以為外貌很值錢嗎？它其實是最容易貶值的東西。

你以為的得到是失去的開始。其實最怕的從來都不是你沒有好看的外表，而是你錯把易逝的容顏當作堅固的依憑。到那時，你所失去的遠遠不只是最初暫時得到的利益，還有在不勞而獲中消磨的時間。一心追求從天而降的黃金、一勞永逸、高枕無憂的人，到最後往往得到的只是黃粱一夢、抱憾終身。

是的，我們不可否認，好看的外貌是優勢。但僅憑它，真的給不了你穩當的幸福。

你看那些深受大眾好評的女明星們，給她們的正面評價並不是美貌，而是她們的敬業、努力與不斷學習，對於她們而言，外貌只是一層外衣，專業實力才是她們的自信來源。娛樂圈中有很多老前輩，早已過了展現年輕貌美的年紀，卻還是能在影視圈裡站穩腳步，當然不是憑藉顏值，而是靠對人性的觀察和深入理解，用演技把這些理解加以恰當地表現。

在殘忍的時光面前，外貌是最脆弱，也是最容易失去的。連依憑的根基都不怎麼穩固，還談什麼永遠留住那些無條件獲得的東西呢？

親愛的你，比起依靠美貌無條件取得暫時的成就，我更希望你沒有美貌也可以穩固地獲得成功。

4. 有「外掛」的人生最難被認可，使用才能，也是一種才能

經常有作者在接到退稿函之後不甘心地問我：「在你看來，我真的沒有寫作的天賦嗎？」「這個稿子真的沒有出版可能性嗎？」

我很想說些有點殘酷的實話：「如果你被各間出版社反覆退稿，那最大的可能就是，這個稿子的確寫得不夠好；至於你有沒有天賦，那不好判斷，也無須判斷。因為，雖然天賦不需要學習就可以獲得，但向世人證明自己有天賦，這種才能是需要學習才能取得的。」

世界上的好東西分為兩種，一種是你不用，它也會放在那裡，不增不減，以被你擁有的方式存在；還有一種，就是這種東西的價值就在於

使用，而且越用越多。

才能，就屬於後一種。所以，就算你有天賦，對天賦的使用率和開發率，也會隨著你對天賦的使用越來越高。

別忘了，美貌也是一種天賦。

世人有一種普遍的偏見，覺得顏值高的人占了很大的便宜，因為他們憑藉先天優勢，也就是一張好看的臉，在人群中熠熠發光，可以自然而然地獲得更多機會，就連面試也更容易被選中。

其實，任何事情都有兩面性，有時候正是因為大家普遍存在的這種認知，好看的人也吃了更多的虧。

二〇一四年，影后張曼玉以「樂壇新人」的身分再次降臨娛樂圈，但聽眾並不買單，他們批評張曼玉唱歌會走音，連基本的音準都做不到。

對於這種打擊和不認可，張曼玉表現得很淡定，她說：「今天我還會走音，可是我會努力的。我演了二十多部戲，還是會被人家說是花瓶，所以給我二十個機會吧，我應該可以的！」

演了二十多部戲，拿獎拿到手軟，仍舊會被看作花瓶，這是顏值的詛咒。

固然有時候高顏值能讓人得到許多機會，讓一個人有發揮才能的機會，但我們也要看到，才能不是安安靜靜放在那裡待價而沽的貨物，顏值也不是讓這種貨物得以出售的最佳方式。

機會就好像跑到你面前的烈馬，只有那些善於應對的人，才能給這匹烈馬套上鞍韉和轡頭。

在二十世紀七〇年代，阿根廷有位叫伊莎貝爾的舞蹈演員。她那驚人的美貌和美妙的舞姿打動了當時的總統裴隆，兩個人很快就結了婚。裴隆去世後，伊莎貝爾繼任成為阿根廷的首位女總統——她就是被人津津樂道、有「阿根廷玫瑰」之稱的裴隆夫人。

但伊莎貝爾不懂得治理國家，在她的治理下，阿根廷很快就陷入了混亂。她的政府被推翻，自己也淪為階下囚。

讓才能得以實現的，是使用才能；讓機會得以實現的，也是對機會的駕馭。獲得機會之後，你為了把握機會付出的艱辛努力，別人是很難看到的，他們看到的只是機會本身。

學會駕馭自己獲得的機會，是一個循序漸進的過程。

相形之下，反而是那些相貌平平、天賦一般、更不容易獲得機會的人，在自己的時區裡慢慢成長，且有更長的時間，不斷發掘自己的各種能力。

我認識一位現在很有名氣的作者，他曾經投稿十年，卻無人問津。在這十年間，他不斷寫出新的作品，體會人情冷暖，也慢慢學會了化解創作過程中的孤單、無力和痛苦，體會創作本身帶來的單純快樂。

後來，他的作品終於發表了，還獲得了大獎。對於這突如其來的名譽，他卻表現得很淡定。面對隨之而來的更多機會，他也有足夠成熟的心智，能遊刃有餘地把握。

世人總喜歡把所有事情都歸因於單一的原因，把所有成就歸因於一個轉折，或者歸因於一個機會。所以人們才會覺得，顏值高的人獲得了機會，自然而然就會成功。

其實，這種看法就和覺得某個人憑藉某種天賦就能一舉成名一樣，這在絕大多數情況下，是和現實不相符的。

顏值只能讓一個人更容易獲得機會，卻沒辦法讓一個人更輕鬆地把握機會。

很多人會覺得自己在等機會，其實機會一直在身邊等你，等到你能駕馭它的時候，機會就會現身，被你看見。提早顯現的機會可能往往並不是真正的機會，而是一次次搞砸的懊惱。

所以，得到機會也沒有什麼值得羨慕的，也許只是老天爺對好看的人更加沒有耐心，才把他們匆匆領進了人生的賽場。對他們來說，這是一場低勝率的賭博，他們只是得到更多嘗試的機會，但那只是比賽的入場券，沒有人能保證他們一定會贏。

普通人的努力不能讓成功來得更快，卻可以讓它來得更穩。等到你被機會發現的那個時刻，你已經洞悉了關於它的全部奧妙，可以將它運用得淋漓盡致。

要相信，命運永遠對每一個人不偏不倚。

5. 被關注是一把雙刃劍

很多時候，比起做個默默無聞的透明人，我們許多人都更渴望有一天能站在世界的中心，被萬眾看到、被別人關注。但事實上，被關注是一把雙刃劍。它滿足了你「想要被人看到」的欲望，給予你所需要的認同感，但也會讓你打亂原本的生活節奏，甚至陷入緊張和焦慮中。被關注後，你若出錯就是在眾人面前出醜，更害怕某一天不再被關注。

我有位外貌平平的朋友，在某次精心打扮後不僅驚豔了我們，還吸引路人頻頻回頭，從此她十分注重自己的穿搭、妝容，成了很多人口中好看的女生，也變成被很多人關注的對象。

這件事很快就成了我們熱門的話題，除了發自真心的誇獎外，大家更喜歡調侃她：「被關注的感覺是不是很爽？」

朋友長舒了一口氣答道：「其實也不是很爽，我很焦慮。」

聽到這樣的答覆，大家又七嘴八舌地議論開來：「一瞬間多了那麼多回頭率，你還焦慮什麼？多少人渴望被關注，你可別不知足。嘴上說焦慮，心裡肯定暗自歡喜！」

「就是因為被關注，所以才更焦慮。」另一位朋友擲地有聲地拋出了這句話。

朋友原本黯淡的眼神瞬間亮了，她像抓住了救命稻草般，瘋狂地點頭表示贊同。「起初發覺被關注，自然有點小欣喜，可是越到後來我就越緊張，總覺得稍有不慎就會搞砸一切。」

於是，大家這才開始注意到朋友「被關注」背後的焦慮：萬眾矚目之下果然很緊張，那麼多人看著你，你肯定更害怕出醜，就好像在放大鏡下生活，一舉一動都要小心翼翼……

是的，許多活在別人眼光之下的人，嘴上說著「平凡可貴」，但更多人卻依舊渴望在人生中有那麼一兩個時刻，成為萬眾矚目的焦點。如果不是真的毫無個性，又有多少人甘心默默無聞？然而把「被關注」看得太重，會成為一種心理上的負擔。

那麼，是什麼成為焦慮的根源呢？

是自我認同感的缺失。

有些人，會用「被關注」來彌補自己內心缺失的自我認同感。他們的內心深處還住著一個渴望別人承認的孩子，離開了大人的評價，就會無所適從。

如果你需要依靠這種認同感才能肯定自己，那麼你就輸了。因為對於這樣的你而言，「被關注」並不是一件令人心情愉悅的事情，它只會成為不斷刺向你的利刃，直到把你傷得遍體鱗傷後，再將你丟入暗無天日的自卑深淵。

到最後，深受「被關注」之害的人往往正是那些極度渴望被關注的人。可是仔細想想，難道長得漂亮就能讓她們不再受「被關注感」支配，從而擺脫這種焦慮感嗎？不，依靠好看收割關注度，填補自我認同感的缺失，只會讓人更加焦慮。

這也是為什麼整形容易上癮。當人透過整形變美，並收穫他人的關注、讚美與羡慕後，收穫的並不是滿足，而只是暫時緩解了焦慮。由於內心缺乏真正的自我認同感，照鏡子對於這些人而言，再也不是自我欣賞，而是自我挑剔。所有的美好都可以被忽略，而所有的小缺陷都會被無限放大。

到最後，別人多看你一眼，都會成為你沉重的心理包袱：我是不是出醜了？他會不會看到我的缺陷？他是不是發現我有哪裡不好？他會不會嘲笑我？

層層疊疊的自我懷疑鋪天蓋地而來，越被關注，越痛苦，於是越克制不住自己去矯正。這樣的人永遠不會知道什麼叫作過猶不及，因為他永遠不知道何為「過」。所以整形行業發達的韓國出現了許多整形成癮的女性——她們一年內整形次數最高竟然可達一百次。是什麼讓她們鼓起勇氣，在一年內承受這一百次身體和心理的雙重折磨？是對缺陷的難以容忍，對在大家面前暴露不足的恐懼，對當眾出醜的焦慮，更是自我認同感的缺失。

那麼，如何才能走出「想被關注、又怕被關注」的糾結？答案已經不言自諭，就是增強自我認同感。那些自我認同感越強的人其實不會在意別人關注的目光。就像川普的女兒伊凡卡時常因為在重要場合上打扮出眾、搶奪C位而被外媒詬病，但這並不妨礙她繼續搶奪C位。對她而言，C位、美貌並不是她收割關注度的唯一方式。若要說被關注，她的超模身分早就給她帶來了巨大的聲譽。

其實是否「被關注」並不是最重要的，最重要的是，你如何看待它。

對於這把雙刃劍，只有正確認識它，才能很好地享受它所帶來的快樂。

你的所有美好，只有你自己知道，才能綻放更耀眼的光采。

嘗試去認同自己吧，你要明白，不被關注的時候不證明你不好，被關注的時候偶爾有瑕疵也無傷大雅。到那時，被關注與否都已經不再重要，它不會再是你快樂的根源，也不再會讓你糾結焦慮。

6. 把成功歸因為顏值，是一種懶惰

《羅輯思維》的主持人羅振宇對「舒適圈」的解釋十分精準。他說，所謂舒適圈，不是那些你待著就覺得很舒服的地方，而是那些你最習慣用來解決問題的方式。

比如，我們上了一輛公車，會發現很多人都喜歡堵在車門口。因為大家都懶得動，而且離車門口近會比較方便下車，所以都不願意往裡面移兩步。在車門口擠著並不舒服，但大家對這件事的處理方式多半是待著不動，所以這個讓人不舒服的解決方法，就是他們的舒適圈。

人在替問題尋找答案的時候也是有舒適圈的。在做歸因分析的時候，每個人都喜歡用自己很熟悉的道理來解釋暫時真相不明的情況，而能用

一個聽起來陌生又言之成理的道理，解釋每個人都很熟悉的情況，這就不是普通人能辦得到的了。

例如，手機沒訊號了，普通人會覺得是這裡的訊號比較弱，或者塔臺發射的訊號被什麼擋住了，但電影《彗星來的那一夜》編劇詹姆士．布柯特就會給出一個有想像力的解釋：這是因為彗星的影響，改變了地球的磁場。

當我們把一個人的成功歸因於「美」，其實也是在用所有人最熟悉的方式替別人的成功，給出一個方便的解釋。

「澳門賭王」何鴻燊的小兒子何猷君，大學和碩士均就讀於美國名校麻省理工學院，曾經多次在各類數學競賽中獲獎，同時也擁有明星般的顏值。到清華、北大去看看，你會發現，那些考上名校的孩子中，帥哥美女的比例並不少。

事實上，高顏值和聰明努力並不矛盾。

社區裡一戶鄰居的孩子讓我印象深刻。小女孩的爸爸是大型工業集團的老總，精明能幹，她則繼承了媽媽的良好基因，靈慧秀美。每天下午，都能看到她背著書包自己回家。

有一天，我看見她在社區路邊趴著寫作業。問她怎麼了？她說忘了帶家門鑰匙，在等媽媽回來的空檔，索性早點把作業寫了——這樣勤奮乖巧的孩子大人怎能不喜歡？

現在，這個女孩赴美留學後，已經留在當地工作了。

俗話說，認真的人最有魅力。很多時候，你看見的不是天生的顏值，而是專注工作時散發出的吸引力。很多人顏值高，是因為他們能夠比其他人更加自律地學習，更加辛勤地工作，他們的好看，其實只是他們能力的一種外在體現而已。

有個熟識的小朋友，他天生就有比較高的顏值，總是喜歡攬鏡自照，發出像是「我好帥」之類的感慨。我們在嘲笑他幼稚之餘，也提醒他不要只注重顏值，但他總是不以為意。

有一天，這個小朋友去參加一個商務會議，回來後對我們說，他覺得自己對某個女生有種心動的感覺，因為「她講話的時候好像在發光」。我們又嘲笑他沒有見過世面，告訴他講話清晰又有激情的人其實也很常見。不過，我們還是為他感到欣慰——他在看待別人時總算看到除了外貌之外美好的一面。

讓我們覺得好看的，不見得完全是顏值本身，也有可能是看到了一個人與眾不同的光芒，正如那句老話——腹有詩書氣自華。

一個人的成功，會直接體現為風度、儀態和氣質。我指的成功不是那種因為一時得志的耀武揚威。馬克思曾經說：「價值是指凝結在商品上的無差別人類勞動。」用類似的說法來表示，所謂的好看，也可以是凝結在面容上的無差別人類智慧。智慧本身就是性感。

現在，價值越來越多元，很多人不再用單純的「天賦美貌」來衡量一個人了。如果我們把語詞往前延伸一步，不要僅僅用空洞的「高顏值」這個詞來形容好看的人，就會明白人們的這種心態。以前，人們推崇的男子氣概，還有現代人口中漂亮能幹的女生，其實都包含了對一個人綜合素質的要求。

對好看女性的稱呼從「正妹」變成了「漂亮能幹的女生」，也是一種時代的進步。說明人們對女性美的欣賞，不僅僅停留在白幼瘦，轉而欣賞由歲月帶來的能力與智慧。

把一個人所有的成功都歸因於天生的美貌是很容易的。實際上，一個人獲得欣賞的原因，從來也不應該只是單純的美。

能看懂別人的能力，本身就是一種了不起的能力。

所以，美在很多情況下並不等於成功，兩者之間也沒有因果關係。而不管一個人好看與否，看出並學習他們的超出常人之處，你也會慢慢成為一個優秀的人。

7. 越被命運眷顧，越是滿身包袱

我所從事的行業，需要和眾多作者打交道。我發現，很多作者會因為自己沒有天分而感到自卑。如果看看人類文明史，就會明白，有天分的人往往更自卑。

比如，卡夫卡在生前曾經留下遺囑，希望執行人把他的全部作品都燒掉。如果這位遺囑執行人真的這樣做了，那麼文學史上就會少一位世界級的大師。但有誰知道，卡夫卡對自己的作品抱著一種近乎虛無主義的態度——他覺得自己的創作毫無意義，尤其是那些早期的作品。有可能，有天賦的人的自卑才更無法掙脫，更讓人絕望。

人們總是對不開心的事印象深刻，輕輕鬆鬆考十次第一，也抵不過考一次不及格帶來的打擊大。假設有個學生，他完全不需要任何考試技巧，也用不著複習，輕輕鬆鬆就能在很多科目上考高分，但唯獨英語，無論怎麼認真，他都沒辦法學好。這樣的人，從學習中得到更多的是挫敗感，而不是成就感。長時間生活在挫敗感中，當然就容易自卑。

偏偏，很多在某方面有天賦的人，在其他方面很可能是白癡。比如高更，他不在乎除了繪畫之外的事情，也不怎麼學得會其他事。美貌和才華一樣，都是有一種天賦，天生麗質，都是因為命運的眷顧，因此，也幾乎沒辦法掌控。真正能讓人得到自我肯定的，是那些我們可以掌控的事。而所謂掌控感，就是知道自己可以透過努力，讓一件事情在未來產生可預測的結果。很多時候，有的人放棄努力、害怕努力，也就是為了獲取一點對未來的「掌控感」。因為對於很多處於迷茫期的人來說，即使努力了，事情仍舊可能失敗；但如果放棄了，事情則一定會失敗。一件事哪怕是悲劇，也要讓人覺得它沒有超出自己的判斷——這樣的思維方式會給所有人一種安心感。例如，一個女生好端端地走在街上，卻遭到不法之徒的侵害，這種情況下，有很多人會質疑：是不是因為這個女生穿得太少了？

這是因為如果一種不幸的境遇是當事人自己導致的，就會給人一種「世間自有公平在」的感覺。我們都知道這些觀點有失偏頗，但這確實是人們的一種普遍心理，甚至，遭遇不幸的人自己也喜歡做這樣的總結。

但是，誰的內心深處不希望自己的意志能實現呢？誰都希望自己能成為人生的主導者吧！很多天賦值比較高的人容易自卑，就是因為他們的才能是老天給的，沒有一種可以從心所欲、自由控制的感覺。

很多人想要獲得美貌，就是想在不可控的命運裡給自己增加一點勝算。然而，真正能為一個人增添實力的，還是努力和才華啊！所以，即使你真的擁有了美貌，也未必能開心和掌控命運。

CHAPTER 02

不要讓所有天賦和努力，被一句「天選」，就輕輕掩埋

命運負責洗牌和發牌，
而我們負責出牌。
——叔本華《人生的智慧》

1. 任何一種風情，都不是為了滿足他人的凝視

生活中常聽到這樣的話：「穿得這麼美給誰看？」「打扮得這麼好看是要去約會嗎？」「今天特地化妝是想吸引誰的注意呢？」等這樣的八卦，言語間是調侃，本質上卻是一種悲哀：為什麼打扮這件事，不能僅僅只是為了取悅自己呢？

貝克漢的妻子維多利亞在教人穿衣打扮的影片中，最著重強調的一點就是「精心打扮不為任何人，愉悅自己最重要。」聽上去似乎只是一句冠冕堂皇的話，但只有真正去踐行的人才能明白其中的深意，以滿足他人眼光為目的的打扮，往往美則美矣，卻少了靈魂。

許多人對「打扮」的意義長期存在著誤解，這從對「古人云：『女

為悅己者容。』」的引用就可窺得一二，有人說女為悅己者容指的是為自己喜歡的人打扮，也有人說女為悅己者容是指為喜歡自己的人而打扮，很長一段時間內，我們發現身邊很少有人說是為了自己而打扮，因為這樣的話說出來總歸多了幾分自戀的味道，而「自戀」這個詞語，在許多人看來是貶義的。事實上，科胡特在《精神分析治癒之道》中早已為「自戀」正名——人類的本質正是自戀的。從心理學上來講，適度自戀才是正常且健康的。無法自戀從來都不是一件好事，它會衍生出種種「不配」的自卑心理，包括為別人而打扮。這也是為什麼我們有時會見到，表面越光鮮亮麗的女孩子背地裡可能越邋遢。道理很簡單，因為表面是給別人看的，背地裡的生活是自己的。她們的每種風情都只是為了別人的凝視。而她們自己呢？她們有可能意識不到，或者不願意承認，她們內心時常會有一種非常可悲的心態：只為自己費心思，不值得。如果你想繼續追問「為什麼？」很有可能只能得到一句無力的：「不知道。」

長久以來，我們得到的教育是要愛別人，殊不知愛自己也是一種很重要的能力。「精心打扮是為了給別人看」的心態常常會將人引向兩種極端：表裡不一或是愛美愛到偏執。表裡不一的那些人會在某次精心裝扮後又迅速萎靡下去，變得不修邊幅，徹底放飛自我，反正好不好看都是給別人看的；而愛美愛得偏執的人會時時陷入深深的焦慮，為自己的外貌焦慮，為他人的眼光和評價焦慮。這種焦慮感像萬丈深淵，任人怎樣掙扎也無法掙脫。其實他們最欠缺的或許往往就是那一句當頭棒喝：「為什麼你不能為了自己去變得美好？一定要為了別人呢？」

只為別人而美的人特別容易自卑。即使是天生麗質的美人，怯生生的、自卑膽怯的樣子也只會讓她黯淡無光。一個人如果從內心就開始否定自己，那麼縱使外界萬丈光芒，也無法照進她荒蕪的內心，更無法讓她自內而外綻放光采。

我們常說「學習是為了自己，而不是為了別人」，裝扮、變美也一樣。

為了自己去變得更好、更美，這才是上進的意義。也只有完成這樣的思維轉變，從他人驅動，轉變為自我驅動，才有可能讓你的美好更上一層。否則縱使長得再好看，你也仍然會患得患失。

所以，當你在努力讓自己變美的時候，不要忘記愛你自己，更不要忘了自信。不要只去在意貝嫂的如花美貌，而要去看她美貌背後光芒萬丈的「為自己而綻放」。要知道你的任何一種風情，都不是為了滿足他人的凝視，你的所有美麗和綻放都可以只是為了自己。

所謂來自靈魂的美感就是發自內心的自信和自愛。自信的人是會發光的。當你愛自己，夠自信時，自然配得上精緻的妝容，華美的服飾，而那一刻的你，散發出來的就是真正的美麗。

2. 幻醜症，一場沒有終點的噩夢

因為業務關係，我加了很多群組。一天，在一個群組裡突然看到有個朋友說要去打美白針。消息一出來，群組立刻開始熱烈討論了起來。多年來，這位朋友一直是群組裡最受矚目的人，有另一個業務夥伴，每次聚會的時候，就會羡慕地說：「你看她，多好看！」

的確，我這位朋友是個大長腿，小麥膚色，這些年生活得很安穩，看人時眼神篤定，衣服品味也越來越好，不管走到哪裡，身後都有羡慕的眼光追隨。

這麼一個人，有什麼必要去打美白針呢？她本來的狀態就很好啊！

「你這就是幻醜症！」

群組裡蹦出來這麼一句話。

已經相當好看的人，還要去削尖下巴、微調五官，把好好的一副身體百般折磨，非把它塞進美的模子不可，這種心態，現在有種流行的說法，叫「幻醜症」。

現實中真正有幻醜症的人還是極少數的。不過，有不少人走在街上路過一面鏡子，都會偷瞄一眼鏡中的自己，發現自己弓腰，腿短，頭扁……心態頓時變得悲涼起來。

幻醜症往往還伴隨著一種併發症，那就是「不配感」。有時候你試穿了一件顏色鮮豔的衣服，它完美襯托出了你的身材，讓你看起來更加容光煥發。但你在好友和店員的齊聲讚許中，還是略帶遺憾地把它放下了。別人問你：「為什麼不買？」你搖搖頭，說這種顏色看起來太耀眼，不是你的風格。正是這種「不配感」，封印了你原有的生命力。

有幻醜症的人真的醜嗎？很多時候並不是。

執著於發現自己相貌上的缺點，本質上是一種優越性的體現。

學校裡，會和第一名比成績的，往往是前十名；天天在社群網站上哭窮的，往往是收入不菲的中產；空窗期喊著空虛寂寞冷的，異性緣往往差不到哪裡去。

很多人把美當作金科玉律，非要和自己心裡的準則比個高低。殊不知，他們只是把自己的日常狀態，去和網紅在社交媒體上精心雕琢的一分鐘比較，自然是輸得一敗塗地。造美工業時代，我們手握種種變美的利器，到最後戳傷的卻是自己——假睫毛本身的存在就是一種汙蔑，它告訴你，任何睫毛都不夠捲翹完美。

你以為自己在變得更好，實際上卻卑微了、煩惱了、脆弱了，甚至有人宣導「下樓買菜也要狀態完美，因為你不知道今天會遇見誰」，就好像素顏的人就不配出門。我們臉上的妝越來越厚，心中的自信卻日益稀薄。

變美，本應該是愛自己的一種方式。

去健身房，不是為了瘦身，而是要體會血液奔湧帶給整個軀體的熱力和舒暢；讓自己保持乾淨整潔，化個淡妝，是為了讓自己精神飽滿，熱情地迎接新的一天，甚至，打耳洞、戴耳針，也只是用一種有點粗暴的方式，狠狠地愛著這個世界。

美，從來不是外在的標準，而是內在的生命張力。

在看厭了千篇一律的錐子臉之後，周冬雨這樣有個性的美女又開始流行。她的穿搭，很多時候是舒適中帶著點隨意，也符合她古靈精怪的性格。

美，是流動的，它不是一種狀態，而是一瞬間的征服。

有一個段子說，如果女人不夠美，你就誇她「有氣質」。但真正的氣質，從來就不是背後露出來可有可無的點綴，而是美的主宰。

美是沒辦法複製的，你的美只屬於你自己，不美的那些時刻，你也不用煩惱。

小Ｓ戴牙套的那段時間，媽媽很替她擔心，畢竟還要上鏡頭，會不會影響收視率？可是後來，恰恰是因為這段經歷，讓很多觀眾把她視為同類，反而增加了鄰家女孩一般的親近感。

這個世界對不同類型的人，比我們想像的更加寬容。你所謂的缺陷，可能正是別人眼中的亮點，如果你原本找的就是自己的缺點，那你永遠也不會在自己身上發現優點。

當你找到你自己，全世界都會來愛你。

3. 顏值真的是正義嗎？

現在經常聽到一句話，說某人「長得那麼好看，做什麼都對」。

你會發現，很多人會用這句話來評價自己喜歡的偶像明星，也有人會用這句話說漫畫小說中的角色，還有人用這句話來形容自己在社群軟體裡隨意滑到的朋友，但很少有人誠懇地、在字面意義上對自己的好友或者男朋友說：「你長得那麼好看，做什麼都對。」

這讓我想到一個老笑話。

一個記者問農民：「你願意為自己的理想奉獻一千畝地嗎？」

農民說：「我願意。」

這個記者繼續問：「你願意為自己的理想奉獻一千萬元嗎？」

農民說：「我可以。」

這個記者最後又問：「那你願意為自己的理想奉獻一頭牛嗎？」

農民非常堅決地回答：「不行！」因為，他真的有一頭牛。

和這個笑話類似，大多數人真心誠意地覺得「你長得那麼好看，做什麼都對」，是因為切身的生活中並不存在這麼一個人。

「你長得那麼好看，做什麼都對」，在某些情況下是對的，但只適用於那些遠離自己現實生活的人，一到實際生活中，就完全不一樣了。人之所以會產生這種錯覺，是因為「代入」的心理在暗示著我們。

這句話在潛意識中的真實表述，應該是：「如果我和你一樣好看，就可以為所欲為。」就好像父母對孩子的溺愛，有時是在溺愛想像中的自己。有代入感不是不好，更用不著為之羞愧。人們喜歡讀小說，很多時候就是因為小說可以讓我們可以將自己代入小說中放肆地想像，同時又把這種想像圈定在一個合理、不會傷害到任何人的範圍內，適當的幻想，是放鬆心靈的方式。

代入感有時候也能起到積極的作用。你在下班路上看見一個漂亮的女生，她身材健美，於是你也覺得應該去健身了，這就是代入感對人有幫助的地方。

但長得好看，不可能成為一個人為所欲為的通行證。一個女孩子，每次要完成某項任務時都不自己去做，而是找很多男生來幫她，這種情況如果長久持續，即使對方脾氣再好，也難免心生厭惡——事實上，沒有人會真的覺得「你長得好看，做什麼都對」。

真正能夠被人破格喜歡的是一個人做了一些稍微超出規範卻不至於惹人厭煩的事。這種人被人喜歡的地方，在於他脫離了日常生活的枯燥乏味，恰當地發揮了自己的想像力，對於這種有趣、有意思的人，人們才會說：「你長得那麼好看，做什麼都對。」

所以，我們看到那些能夠得到公眾包容的、「做什麼都對」的是這種人——有拖延症、愛好打牌的胡適；堂而皇之把「穢物」放進畫裡的黃永玉；有些小性子卻無傷大雅的張愛玲……

而他們獲得包容的原因就在於這些小毛病——既不影響他們留給世人的作品，也不會給身邊的人帶來困擾。

不管相貌好看還是不好看，在別人面前主動暴露自己的弱點，或者主動給予對方更大的信任，客觀上能起到拉近兩個人距離的作用。

有位女孩要搭一位漂亮太太的便車，這位太太燙著捲髮、塗著口紅、談吐斯文、衣著整潔，一路上她們的交談甚是愉快。等到下車的時候，那位太太突然對女孩說：「麻煩幫我一個小忙。」說畢，她指了指椅子後面。女孩順著她的視線看過去，發現那裡放著一架折疊輪椅。

驚愕之餘，女孩幫她把輪椅拿下車。那位太太笑著告訴她，她從小就行動不便，幸運的是，在丈夫和孩子的幫助下，她學會了開車，借助輕型輪椅，一個人也可以去很遠的地方。

搭便車是件有點危險的事。她把這樣的一個隱私主動告訴女孩，是信任的表現。後來她們成了朋友。我想，正是那位太太對生活的積極信念，讓她在生活的打擊下仍然保持著開朗的心態和嬌豔的容貌。

所以，並不是真有「長得好看，做什麼都對」這回事，而是長得好看、心態積極的人常常發出積極主動的社交信號。這種信號既特別又強烈，還超出了日常生活的俗套，以至於讓人感到賞心悅目。事實上，這樣的處世方式，是我們每個人都值得學習，也能夠學會的。

世上本來就沒有絕對正確的人和事，只有用正確的方式做人和做事，所以倒不如把這句「你長得好看，做什麼都對」反過來：「你做什麼都對的樣子，看起來真美。」

4. 極致的美，是讓男生女生都喜歡

做為一位女主角，《步步驚心》的馬爾泰．若曦是為數不多好評如潮的角色。有的人喜歡她堅強倔強，有的人稱讚她善良勇敢，而我更欣賞的是她身上那種跨越性別的吸引力，既能與性情灑脫的十三爺談古論今，又能和古靈精怪的明玉笑泯恩仇，還能和知書達理的綠蕪互為知己。可以說，馬爾泰．若曦此生雖是悲劇，但作者對她滿滿的都是愛——她賜予了若曦男女都喜歡的最極致的美。

這種美無關外表，是一種純粹、發自人格的魅力。而這種魅力更多源於無為而治的處世之道——真誠地、毫無功利心地與人相處。我們常說真誠是一種重要的品質，可惜卻又常在功利心中迷失了方向，如果仔

細去追溯，你或許會發現，這種偏頗的心態，還帶著青春期的烙印，隨著性別意識覺醒，相處就不那麼純粹了：有人為了避嫌，只與同性來往；有人為了彰顯魅力，故意只與異性結交……總之，有些人在締結友誼之初，就在自己的關係中摻雜了男女性別的因素，帶有太多刻意色彩了。

一個人的社交一旦在性別的天平上發生傾斜，在社交中不經意地帶上了性別的底色，他就失去了與人交往的赤子之心。一旦失去那種清澈的赤誠，就難以在兩種性別中把握微妙的平衡。異性緣好，而同性緣差的人常常被人詬病為不檢點；而同性緣好，異性緣差的人又常常被形容為木訥。

這時候，如果有人指望外貌能為自己扳回一城，就失算了。喜歡一個人和她外貌美不美從來不存在必然關係，就像《紅樓夢》中的王熙鳳，她自然是美的，否則黛玉在初見她時也不會有「恍若神妃仙子」的感受，她也不會有賈天祥正照風月鑒這一齣。可是多數人是討厭她、恨她的，她最終只落得一句：「機關算盡太聰明。」

同樣的，喜歡一個人與他的性別也沒有必然關係，那種以性別為界線、涇渭分明的人緣本來就是一種刻板，也是一種歧視。春秋有俞伯牙與鐘子期之間惺惺相惜的友誼，誰還能說同性一定相斥？三國才女蔡文姬與梟雄曹操的知己緣分，誰又能說異性間沒有純粹的友誼？

我身邊也有這樣一個同事。她或許稱不上美，但卻有一種讓男女都喜歡的奇妙能力。其實這種喜歡與我們的性別無關，也與年齡無關，只與我們本人有關。在和她相處的過程中，我們總能感受她發自內心的真誠，她是我們心中的小太陽，就像一縷溫暖的陽光，讓我們相信，真誠的人是會發光的，像太陽一樣能量滿滿，充滿超越容貌、性別的魅力。

其實一直以來，令友誼蒙羞的是人們對性別的有色眼鏡。越心虛就越難正視再正常不過的關係，也就越難處理好這些正常的社交關係。誠然，有人喜歡嬌豔怒放的玫瑰，而有人喜歡寡淡如水的樹蘭，我們每個

5. 給生命留點缺口，才能看清這個世界

二〇一三年，在浙江衛視一檔《青春是什麼》的系列採訪節目中，一位男生接受採訪時說：「長得好看的人才有青春，像我們這種人就只有大學了。」這句話在網上流傳很廣，很多人覺得很有共鳴。

青春真的就只是一張俊俏的臉嗎？

塞繆爾·厄爾曼的〈青春〉一文曾一度風靡整個網路：「青春不是年華，而是心境；青春不是桃面、丹唇、柔膝，而是深沉的意志、恢宏的想像、炙熱的戀情；青春是生命的深泉在湧流……」所以，青春除了是一段時光，是好的容顏，更是一種對待生活的態度。不管富貴貧窮，長得好看還是普通，每個人都有自己的值得紀念的青春。

除了青春，人生也不可能十全十美，而且，有些不完美的確與外貌有關。顏值不是特別出眾的人，在某些看重外貌的行業，可能不是那麼容易就能取得成功，但正是由於生活的磨練，他們才更能看清生活的真相、擁有同理心、對別人生活的不易感同身受，獲得更高的情商。

黃渤是演藝圈裡公認高情商的人。黃渤的高情商，一方面是天分，另一方面，是因為他早年的生活也很艱辛。娛樂圈裡，顏值高只是基本。黃渤連顏值高這個基本條件都有點勉強，所以和太平洋唱片公司簽約之後，只得到替楊鈺瑩伴舞的機會。但黃渤無所謂。他繼續在各個劇組中尋找角色，至於能演什麼，他從不挑剔。後來，電影《鬥牛》的導演看上他，讓他在片中飾演牛二。拍攝過程中，他們需要從一座幾百公尺高的石頭山跑上跑下，工作人員上去一次都累得直喘，他卻要一個鏡頭從山下跑到山頂，跑三、四十趟。最後，黃渤磨壞了幾十雙鞋子，拍出了這部厲害的作品。

正是這樣艱辛的生活，讓黃渤嘗到了世間的人情冷暖，他成名之後總結：「當你弱的時候，身邊全是壞人；你強大以後，全世界都是好人。」可以想像在他不強大的時候，一定遭遇過一些恃強凌弱的人的白眼。在這樣的生活境遇中，他更能理解別人的艱辛，也自然而然地學會避開「陷阱」的法則，成了一個高情商的人。

華人有個很經典的問題，同時也是一個愛情中的死亡問題，就是當老婆問老公：「我和你媽都掉進海裡了，你會先救誰？」

這個問題被小S改頭換面，變成了：「如果我和林志玲同時掉進海裡了，你先救誰？」拿來問黃渤，他趕緊回答：「先救你。」小S繼續追問：「為什麼？」黃渤只好回答：「林志玲高，可以站出水面。」小S逼問：「你是說我矮囉？」黃渤避開問題的主要鋒芒，回答說：「你身材比例好。」對於兩位都很重要的女星，他想出了一個兩全其美的辦法，既沒有說謊，也沒有講出全部的實話，避開了厚此薄彼的尷尬境地。

不得不說，他的情商確實很高，但他的高情商，也不完全是語言上的潤滑劑，而是對別人的溫暖和關心。我們每個人都知道，不要過度相信天賜的福氣，但體會到這一點，卻需要時間和經歷。對於顏值不是那麼高的人來說，原本就有更多的機會看清很多關於這個世界的真相，由於沒有特別地幸運，所以常常特別地努力，因此更容易相信透過後天努力獲得的東西，也更容易相信自己的努力。

泰戈爾說過：「對於未來世界的生命能夠具有信心的人，完成了自己人生中的事業，而在這個人生中確立了這個世界不易產生的對世界的新關係。」我們必須知道，可以偶爾依賴別人和外力，但能夠一直依靠的只有自己。這一點，會讓我們更有信心，也會讓我們從各種不同的生活境遇中汲取新的力量，成為更強大的自己。

某種程度上，低顏值其實是生命的縫隙，有了這個縫隙，陽光就會照耀進你的心底。

6. 二十五歲之後的容貌是自己給的

網路上曾有個熱門的段子——「大學是把整容刀」，引得許多人秀出了自己上大學前後的照片。從那些照片上看，上大學後，不少男孩女孩從原來的黑胖黃蛻變成了白瘦美（帥），前後對比堪稱整容，讓人驚訝。難道大學真的有什麼神奇的魔力，能夠帶來這樣的變化？真是如此的話，為什麼有的人越來越美，而有的人卻不進反退？

大學的整容祕笈其實很簡單，那就是勤能補拙。知名品牌赫蓮娜的創始人赫蓮娜女士也曾經說過這樣的金句：「世界上沒有醜女人，只有懶女人。」很顯然，如果一個人懶得拾掇、懶得保養、懶得裝扮，那麼她又怎麼可能收穫美貌，縱使天生的麗質，又能禁得起多久的毫不打理？

微博上總有各式各樣「女明星們為了美貌有多拚」的熱搜關鍵字，前有古力娜扎戶外時時補噴防晒，後有張天愛饞得要命卻只吃一口炸雞，甚至還時常有人爆料女明星們一有空閒就敷面膜保養……每每聽到這些時，你或許也會驚歎：原來天生麗質的人也要這麼拚！可是然後呢？天生麗質的人這麼拚命，而你又做了什麼？是的，有時候真相就是這樣不留情面，讓我們顯得不漂亮的往往是我們自己的懶惰和怨天尤人。

在談及容貌時，我們可能總會聽到這樣的言論——「基因決定外貌」「天生麗質」「黑肉底」……誠然，基因遺傳在容貌上有著極大的影響力，但是把所有責任推給基因就真的代表我們自己毫無責任嗎？

不！只不過，把不漂亮的責任推給基因，確實可以讓人過得輕鬆一點，不需要堅守清規戒律，不需要時時保養，更不需要內外兼修。**怨天尤人是這個世界上最不費勁的事情**，彷彿只需要把責任推給基因就可以心安理得地放縱自己。怪天怪地，總之無論如何都怪不到自己頭上，還能顯得命運不公，而自己不過是個不被命運垂青的可憐人。

可是你想過嗎？一個人付不付出，時光和容貌其實都知道。不漂亮到底是要怪老天還是怪基因，其實都不重要，因為為你承擔往後人生的，不是基因也不是老天，而是你自己。為自己的身體負責，是對自己負責的基本。

當然，大多數人都是普通人，自然不必像女明星們那樣拚。不過我們完全可以做好日常護理，調理好皮膚；可以學習穿衣打扮，不求華麗，但求乾淨整潔，適合自己；也可以內外兼修，提升閱歷、充實自己、修練氣質；還可以早睡早起，調整好作息，養好氣色。

我有個朋友就是這樣，她每天固定晚上十點睡覺，早上六點起床，日常工作之餘不忘抽出時間學習新知和技能，日子過得充實而美好。雖然她用的護膚品、穿的衣服並不是什麼昂貴商品，但從她骨子裡散發出來的氣質和從容都為她的容貌加分不少。如果單看五官，她絕對稱不上美人，可是當她活生生站在我們面前時，卻總是美得令人移不開眼。

所以，不要再抱怨自己沒有天生麗質，也不用過分迷信基因論。要知道，從生物學的角度上講，人在二十五歲以後身體機能、新陳代謝能力都會逐年下降。從經驗的角度來看，二十五歲以後，人的經歷和見識都會逐漸沉澱成為自己獨有的氣質。換句話說，二十五歲其實是一個分水嶺，在那之前，我們的容貌或許靠的是基因，在那之後，就要靠自己去對抗時光和衰老了，那麼到時候贏的會是哪些人？我想答案不言而喻。

不管你是站在二十五歲的叉路上，又或是即將迎來二十五歲，還是已經過了二十五歲，你都要時刻做好準備——為你的容貌負起責任來。我們沒有權利為自己出生時的樣子做出選擇，但每一個人都有資格為自己決定人生的模樣。

7. 顏值是一種通用社交幣

「錢不是萬能的，但沒有錢是萬萬不能的。」

錢固然是一種通用貨幣，但也有一些情況是沒辦法用錢去辦事的。尤其是一些小事，小到不足以給錢，但又需要你跟別人攀交情，例如向傳達室打聽件事、找個人，那要怎麼辦呢？

在一些小城市，一個傳統的做法就是給人遞菸。當然，吸菸是一種不好的習慣，不過有時候，菸的確是一種微社交的載體。這種小小的饋贈能讓對方放鬆情緒，更容易進入交流的狀態。

好的顏值，在某些場合跟那根遞給保安的菸一樣，也能讓你更容易獲得別人的幫助。

這裡說的不是什麼潛規則。社交媒體經濟學中有一個詞叫「社交貨幣」。沃頓商學院的行銷學教授約拿・博格在《瘋潮行銷》這本書中這樣說：「就像人們使用貨幣能買到商品或服務一樣，使用社交貨幣能夠獲得家人、朋友和同事的更多好評和更積極的印象。」

好看的臉可以在第一時間獲得別人的好評和積極印象，當然也就是很好用的社交貨幣了。

社交貨幣還有一個意思，就是談話的資料。這兩個意思不矛盾。例如，我發布了一個可供大家談論的話題，也就為大家交流感情進行了基礎建設工作，因此可以獲得別人的好評。但這個意義上的社交貨幣，帶來的不一定全是益處。

比如，某報社發布了一則關於某女明星的醜聞，這也是在發行社交貨幣，但卻給這個女明星帶來很大的困擾，最後卻發現，這則醜聞與事實不符，女明星是無辜的，這是對公眾正義感的無端浪費，同時也誤傷了女星的名譽。

再比如，公司來了個美女，她的一言一行、小小怪癖，都有可能會成為別人議論的對象。來自昆士蘭大學的金·彼得斯等人的研究表明，人們會把傳播八卦，當做維繫感情的紐帶，所以傳播八卦是人們的本能，也讓傳播者之間的關係更加和諧。

然而，不公平的現象也由此出現了——明明這個美女本人才是社交價值的提供者，她卻無法成為社交貨幣的享受者。

從個人生活角度來看，這種不公平有可能成為一種災難。單就一個層面來說，好看的女孩子有可能成為學校裡所有人的社交貨幣——也就是說，她是所有人的祕密，而她本人卻不知道這個祕密；擴大層面來說，像阮玲玉那樣心靈脆弱的女性，就有可能因為承受不了流言的力量而去自殺。在這種情況下，顏值高的人就像新中國成立前的中國——雖然地大物博，但是是頭肥羊，誰見了都想咬一口。

除非你假裝沒感覺，否則，你無法忽視身為女性的困境，尤其是相貌出眾的女性——這一點不分古今。

一個女性從意識到自我，到活出自我，是一個漫長的過程，她會不停地會受到來自社會、輿論、家庭的各種阻礙。這條路很艱難，但依然值得我們努力。

願你能活出自我，做自由行走的自己，而不是成為別人茶餘飯後的討論話題。不過，如果你有自己的成果，那麼即便成了討論主角也沒關係。畢竟，誰會介意自己的成功被別人津津樂道？

給你安全感的不是「依靠」而是「成為」

CHAPTER
03

你不敢讓你在自己的行為和
勇氣上跟你的欲望一致嗎？
你寧願像一隻畏首畏尾的貓，
顧全你所認為生命的裝飾品的名譽，
不惜讓你在自己眼中成為一個懦夫，
讓「我不敢」永遠跟隨在
「我想要」的後面嗎？

——莎士比亞《馬克白》

1. 哪有什麼低顏值，不過是缺愛罷了

奧黛麗・赫本，是幾代人心中共同膜拜的女神，很多人都能一眼認出赫本的照片。但一個鮮為人知的祕密是：赫本其實一度固執地認為自己長得並不漂亮，甚至醜陋。

她認為自己的鼻子太大、腳也太大、肩膀太寬。她還覺得自己的造型太過普通，任何女人都能打扮得和她一樣，甚至超過她。

赫本的自我懷疑看起來十分荒謬，是嗎？

實際上，人的情緒暗流在心中流淌奔湧，總會找到一個最容易、聽起來最合理的宣洩口。例如，一個人想抱怨自己目前的生活狀態，說窮，會被人嘲笑沒能力；說忙，會讓人覺得不會時間管理；但如果說換一種

說法，遺憾地感歎現在的工作多麼無趣，不能滿足自己做個有趣的靈魂的美好願望，那麼就很可能得到很多人的理解。

相貌和健康一樣，只有在一種缺失感下，你才能意識到它的存在。當我們失戀了、面試被拒、被人無緣無故地討厭，感到孤獨、脆弱、沒人愛憐的時候，才會猛然覺得自己不夠好。

在你春風得意、升職加薪的時候，你會覺得自己不漂亮嗎？在你感情順利，有人關心的時候，你會覺得自己不漂亮嗎？當你在街上買彩券中了一百萬，你會覺得自己不漂亮嗎？甚至，哪怕只是抽獎抽中自己，都會覺得自己是命運的寵兒，怎麼會把關注點放在自己的美醜上呢？

能喚醒「不漂亮」這種自我意識的，是一種匱乏感、不配感，是一種遺憾和失落，是深深感到生命的不圓滿。醜這種殘暴的自我評價，背後隱藏的是淒涼、恐懼和悲哀。

有人曾經問赫本：「你生命中最重要的事是什麼？」原本大家以

為她會提及自己深以為傲並為之放棄了一段婚姻的演藝事業。然而，她卻出人意料地說，她生命中最重要的事情就是愛。她還因為愛而感到恐懼——「因為一旦你深愛一樣東西，你就會害怕失去它。」

弔詭的是，世間能夠得到更多愛的，往往是那些不缺愛的人。愛靠分享來延續自身，在被愛中，你會學到關於愛的全部：它的意義、它的價值和它的模式。而得不到愛的人，遠遠地站在愛的國度之外，看著圈內人用自己無法理解的方式對待彼此。

有一個故事，說的是一個人在去世之後，在天堂外站著，等候天使為他開門。奇怪的是，他在白色的圍牆外看到了一扇門，這扇門來來往往，進進出出了許多靈魂，卻唯獨不對他打開。最後，他非常沮喪地問守門的天使：「為什麼唯獨我無法通過這扇門？」天使說：「你不知道嗎？唯有你能看到這扇門，對於其他人來說，這就是普通的通道。」那個人恍然大悟，終於有一天，當他看不到這扇門了，他才進入了天堂。

這個故事的寓意是多麼的深刻，一個從未遇過成長問題的人，他沒辦法把健康的、完整的愛教給你，因為他根本看不到問題在哪裡；而那些遇到成長問題的人，就好像故事裡的這個人一樣，他的心上橫亙著一道難關，想跨過去，但卻不能靠別人的幫助，只能靠自己克服。

不被愛有很多理由，不漂亮只是其中最輕鬆的一種歸因。覺得自己不漂亮，一方面是一種自我貶低，但另一方面，也是原諒自己的一種方式。我們的容貌是老天和父母給的，是基因決定的，不漂亮可以讓人把自己的不滿，輕鬆歸咎於高深莫測的命運。

我們怕的是什麼？不是不漂亮，我們真正害怕的是沒錢、無趣、沒人愛罷了。所以，吐槽自己的相貌前，可以先問自己幾個問題：「好看就有錢嗎？」「好看就一定有人愛嗎？」「好看就一定不無聊嗎？」

回答完這幾個問題，你會發現，好看不是什麼問題都能解決的。你抱怨自己不漂亮，只是藉相貌在暗暗不爽你想要的東西沒得到而已。

世界上沒有幾個人可以擺脫匱乏感的魔咒。

法國哲學家沙特，同時也是諾貝爾文學獎獲得者，有終身伴侶波娃陪伴在側，也永遠不乏年輕美貌的女粉絲的追隨。可是，他卻說：「生活給了我想要的東西，同時又讓我明白這一切沒什麼意思。」

察覺到自己的匱乏，是開始新生活的第一步。缺錢，就打起精神去賺錢，汗水永遠比淚水更有力量；缺愛，就要讓自己值得被愛，或者學會先愛別人。

所以，對自己和對別人好一些吧，也許你所羡慕的其他人也會在深夜裡輾轉難眠，難以抑制地感到遺憾和缺失。

當你學會了溫柔地對待歲月，溫柔地對待別人，自然也能學會對自己溫柔了。心中充滿愛的人，眼中都是美。

醜只是一種幻象，只要你還能去愛。

2. 顏值不等於價值

什麼樣的杯子是好看的杯子？我想很多人都會有自己喜歡的風格類型。那麼有沒有一種杯子是賣家願意賣、價格低，也因此受到顧客歡迎的杯子？

還真的有，那就是一種漏斗形的杯子。

實際上，對製造商來說，漏斗形的杯子解決的最大問題，就是讓杯子可以疊放起來儲存、運輸，大大減少了這兩方面的成本。正是聰明的設計師觀察到了這個市場需求點，對原先直筒形的馬克杯進行了改進，才設計出了漏斗形的杯子。

也許，這種漏斗形杯子不是最美觀的，但簡潔的設計讓它們看起來也很大氣。所以說，美觀不是最重要的，能為別人提供某種價值設計才是更為優秀的。

這不僅僅是哪個產業的特例，因為我們的生活也原本就是如此。

我們公司的編輯小吳說，她上大學的時候親眼見過一對戀人，男的是學生會幹部，成績好、英俊帥氣；女的有點普通，還是一個大四的學姊，明顯比男的要年長幾歲，看不出有什麼特點。可是，這男孩特別愛那個女孩，對她特別好，真是羨煞旁人。後來，小吳去參加了他們的婚禮。在婚禮上，她才明顯感覺到，原來這個相貌普通的學姊才是這個男生的溫暖和依靠。看到他們相處的樣子，原先那種由男生的出色帶來的違和感消失了。她由衷地覺得——這個女孩正是男孩的最佳選擇。

我們都好奇地追問小吳：「是什麼東西讓你覺得這兩個人真的相配呢？」小吳說：「就是那種感覺吧，這個男孩和女孩在一起的時候，氣質變得柔和溫暖，女孩也散發出一種不一樣的光芒。」

我們常常都被電視劇、動畫片裡塑造的女主角形象蒙蔽了。能上鏡的女主角，當然要禁得起鏡頭和觀眾的考驗，但生活卻往往比藝術更豐富多采，劇情也更讓人意想不到。

小吳所說的這種情況雖然不算常見，但我也的確遇見過好幾次——所有你意想不到的合適背後，其實往往都有一個合理的解釋。

在這個看臉的時代，我們可能太過注重感官的刺激與享受，而忽視了人內心的渴望。然而，後者往往才是彼此相處時更重要的東西。真正相處起來，你需要的其實不是那張你早就看過千萬遍的臉。你真正關心的是到家的時候有沒有和你說幾句暖心的話，遇到煩惱的時候有沒有人傾訴，和父母產生矛盾的時候有沒有人幫著調解。

甚至，對於最懂得對方需求的夫妻或戀人來說，這些事也都太大了，一些瑣碎的細節反而更能給人帶來「你真懂我」的感歎，例如睡前想喝一杯熱牛奶，這樣的需要，不是靠臉就可以一勞永逸地解決的。

顏值的確有價值，因為高顏值十分稀缺，但顏值並不是拿來流通的，因為顏值原本就不是為了解決某個問題而存在。真正想要用顏值去解決問題時，往往是不靈的，顏值在很時候也只能錦上添花，想要解決問題，你必須對別人內心的需求進行觀察和理解，能為別人提供情緒價值。一個想用顏值解決問題的人，就像一個作者，只憑本能寫作，只寫自己喜歡的東西，這種寫作，除了滿足寫作者本人的表達欲和自娛自樂外，能為讀者提供的價值有限，能解決的問題也有限。

寫作者和市場的磨合，與戀人之間的磨合，其實都是一個道理。什麼樣的戀人最受寵？是最懂你的戀人。什麼樣的作者最受寵？是最懂讀者需要的作者。

需求與需求的契合，才能成就真正的美好。千錘百煉之後的返璞歸真，才是最高境界。

3. 美貌是搶手貨，但並非貨幣

已經過世的港星張國榮膚色白皙，五官清秀中帶著一抹俊俏，帥氣中又帶著一抹溫柔，有一種獨特的空靈氣質。很多人第一眼愛上張國榮，都是因為他的美。

但張國榮曾在電視節目中說，他認為自己是不好看的。

為什麼擁有出眾顏值的張國榮卻覺得自己不好看呢？這可能和他的家庭環境有關。

張國榮的父親，是香港洋服店的老闆，馬龍．白蘭度、卡萊．葛倫等好萊塢巨星都是這家裁縫店的常客。

也就是說，張國榮從小見到的顧客多是一些容貌出眾的人。看慣了各種風流倜儻、瀟灑英俊，自然也就會覺得自己相貌平平了，也就是說，美貌也是會通貨膨脹的。

的確，有一些行業，例如娛樂業和服務業，會不惜一切為美貌買單。但如果你進入這些行業，會發現這些地方已經聚集了很多高顏值的人。

無論在哪個領域，總是人外有人天外有天——把任何事做到極致的人都是少數，美貌也是一樣。

這就好像很多人在考入清華、北大之前，都覺得自己是天之驕子，因為只有一個地區的前幾名，才有可能考進這樣的學校。但是，一旦你入學後，就會發現自己十分普通，因為你周圍的人都和你一樣優秀，甚至比你還優秀。

同樣，在帥哥美女成堆的地方，你的容貌也不再有明顯優勢。

因此，即使在那些美貌是優勢、是「生產力」的行業，也不太可能只因為美就輕易得到自己想要的生活，反而需要對除了美之外的其他素質進行磨練和提升。

假如你在某個遙遠的地區擁有一棟公寓，由於這是家產，你沒辦法易手，也不能出租。那麼，你會把它當作自己的一筆重要資產嗎？

你不會。

如果你真的急需用錢，這棟房子幫不上你。它不能租、不能賣、不能拿去變現。你只能在有空的時候，過去住住，換個環境、換個心情。這棟祖傳老宅，就相當於一個人的美。可以為你錦上添花，卻沒辦法雪中送炭。

退一步說，美是千差萬別的。我們把顏值高做為美人的統稱，可是實際上，儀態萬方的端莊、清爽俐落的精幹、如花似玉的嬌媚和天真無邪的嬌憨，是完全不同的好看。

哪種美會被欣賞，我們無法預測，也難以操控。

例如，在商務會談的場合，知性美可能更受歡迎；如果是做奢侈品銷售，可能端莊大氣的美又要更勝一籌了。

在情感領域，有人會為美而瞬間心動，但誰知道打動他的是哪種特質呢？有人喜歡溫香軟玉，有人喜歡冷傲骨感，不是擁有了某種特定的美，就可以征服所有人。**美不是萬能鑰匙，打不開幸福的保險櫃。**

美，雖然具有稀缺性和比較優勢，但卻不一定能幫你換取你想要的東西和人生。

就拿美和錢這種資源相比較吧。一筆錢，我們想用來換什麼東西，就可以換什麼東西。錢能體現使用者的意志和想法。我們不拜金，但不得不承認，錢在很多情況下都能幫你達成目的，可以幫我們節省時間，也可以換來舒適和便利。

美往往是一種被動的存在，它被欣賞、被追求，而擁有它的人卻沒法因為擁有它，輕易實現自己的意志。

當你走在路上，又渴又累，想要搭車回家的時候，美就一點也幫不上你的忙，很多其他情況下也是一樣。當然，不是說美不好，但更好的是那些可以能讓我們實現自己意志的東西。

如果美是你對自己的要求，你想把它當作目的本身，就恣意地去展現美吧！反過來，如果你覺得不那麼美也行，也不會因此失去什麼東西。

美，固然是一種難得的體驗，但不美，也算不上生命的殘缺。

到最後，你真正看重的，可能是你一生中經歷過什麼、體驗過什麼——那些才是你永遠難忘的回憶，和你之所以為你的本質。

4. 幸好不漂亮

美聯社曾經刊登過聖路易斯聯邦儲備銀行的一份關於顏值、身高和收入之間關係的分析報告，得出的結論是：長得好看的人比相貌平平的人賺的錢更多、升職更快！

報告指出，如果以普通長相者的收入做為基準，那麼長相不及普通長相的人收入要比基準數低九%；相反地，容貌較好的人收入要比基準數高出五%。同時我們發現，很多人因為顏值占的便宜，可不僅僅只表現在升職加薪上，長得好看的人會得到更多的關注和讚美，也更容易討人喜歡。

年輕時和我關係很好的一個朋友，長得漂亮、能歌善舞、寫得一手好字，還特別善良。她的漂亮是那種男女都覺得好看，老少都很喜歡的美。美好的事物人人皆喜歡，這樣的女孩子，身邊從來不乏人追求。面對眾多的追求者，青春、溫柔、嫵媚、感性的她，常常無所適從，失去了判斷，不知道自己想要的到底是什麼。但最後總是被那些攻勢最猛烈、死纏爛打的人追到。每一次她都全情投入，但每一次都會受傷。

年長一些後，偶爾想起來，就會由衷地感到慶幸：感性、心軟的我，幸好當時不漂亮。

可能是因為我晚熟，抑或是我的性格天生對什麼都不強求，又或者是知道沒有人在等你，沒有人會來找你，就可以安心地做自己想要做的事。所以，在對沒有人追這件事情上，竟然一點也不介懷，反而是一邊賺獎學金，一邊跟一群男男女女的朋友們玩得火熱。

或許沒被老天特別關照過的女孩，最大的幸運就是在於可以按照自己的節奏成長，比起那些命運的寵兒，她們更懂得如何不被生活割傷。

大學畢業後，我被分配到一家國營企業工作。可能是因為勤快且不爭強好勝，也可能是我運氣好，工作也算一帆風順。我的主管對我特別好，不漂亮這件事也沒有困擾過我，反而是因為這樣的不顯眼，我得以在接下來的每一個人生步驟裡，不急不緩地按照自己的節奏慢慢成長，如今創辦了自己的公司，也出品了一些在業界評價還不算差的產品。多年之後的同窗再聚，好幾個在男同學心中占據不凡地位的女生悄悄跑過來對我說：「你知道嗎，我剛剛在聚會上發現，這麼多年過去，其實現在我們這些人裡，最漂亮、看上去最年輕、氣質最好的就是你。」我在詫異之餘，也忽然對長相這件事，完全釋然了，並不是因為我被別人讚美變得比當年看起來漂亮了，而是我發現了比長相更重要的東西，我的「漂亮」，恰恰是它們帶給我的。

我在少女時代認為自己不夠出眾這件事，恰恰給了我足夠的時間和空間去關注漂亮以外的東西，而那些在平穩的歲月裡積累下來的能力，沉澱下來的見識，是我不用擔心會被歲月帶走，反而會在歲月累積下，越來越多的東西。雖然我至今依舊羨慕身邊那些長得好看的朋友，羨慕他們能夠獲得更多關注，可是我的朋友卻告訴我，他們更加羨慕我，因為我是靠能力獲得主管的賞識，從而得到晉升，可是他們的努力和付出通常會在外貌的掩蓋下被忽略不計，得到誇獎會被旁人認為不過是因為長得好看的緣故，而如果稍微做得不好，又會被認為是靠潛規則升官的，不過是個花瓶而已，繼而開始懷疑自己的能力，矯情地認為自己是不是除了長得好看，一無是處。

而有因為長得好看帶來的好處，自然會有長得好看帶來的壞處，不只會被人懷疑能力，還有憑藉長相得到了很多機會，卻沒有把握住，讓機會從手中逃脫，殊不知機會像個賊，來的時候偷偷摸摸，走的時候只會讓人損失慘重。

就像我的一個朋友，因為長相不錯、性格活潑，在主管面前如魚得水，於是對工作就有些漫不經心、得過且過。接連幾次馬虎大意搞砸了工作，再寬容大度的主管，也沒辦法包容下屬一而再再而三地犯錯，把她炒了。可是她卻不以為意，認為自己長得漂亮，此處不留爺，自有留爺處，幹嘛那麼吹毛求疵？於是接下來的工作依舊不順利，磕磕碰碰地總是做不長久，我們做為朋友的規勸過幾次，她都不為所動，我們只好放棄勸說，畢竟每個人都要為自己選擇的人生負責。也大概是因為外貌優勢能帶來的一切，都顯得太輕易，就變得廉價了，廉價的東西，怎麼能讓人學會珍惜。

對於人的能力來說也是一樣的，如果劣質和優質的能力一樣好用，那麼人就沒有必要去培養自己的特長，提升自己的優勢，而是使用相對簡單的辦法應付過去就行，畢竟人是習慣偷懶的動物，為什麼要捨近而求遠？例如一個編輯，由於人美嘴甜，不用分析市場、不用研究競品，只靠臉就能很輕易拿下作者，那麼誰還有動力去學做企畫案的本事？哪怕是真的有本事的，長久的工作模式下，已經讓人養成了慣性，走多了捷徑，喪失了自己的競爭能力，終於成了徹頭徹尾的花瓶。就像茨威格在他的傳記作品《斷頭王后》寫到這樣一句話：「所有命運饋贈的禮物，都早已在暗中標好了價格。」然後，我們為我們取巧付出各自的代價，無一例外。

徒有其表，卻無能力的人，一旦得到機會，也只是加快了暴露其短的時間，終將有一天會被人發現，究竟是在濫竽充數，還是名副其實。而歲月會帶走我們的青春、帶走我們的美貌，卻拿不走我們的能力。雖然人們總會被第一眼所吸引，但是不會一直被吸引。世界名模的臉如果每天出現在眼前，都會有被看膩的一天，而我們普通人的顏值還沒有高到可以完全靠臉吃飯的地步，善於利用自己的優點，發揮自己的特長，提升自己的能力，哪怕抓到的是一手爛牌，最終也能實現逆風翻盤，反之亦然。

5. 美貌在被誰消費？

「悲劇就是把美好的東西撕碎了給人看。」

發生在二〇一九年一場震動網路的悲劇是韓國偶像雪莉的消逝。

這個女孩有著天使般的笑容。無論工作壓力有多大，她都能微笑面對……在公司完備的藝人培訓系統下，她一直走在公司替她設置好的人設之路，經營著自己的形象，消費著自己的美貌，所有事情似乎都一帆風順——公司靠她賺取利潤，她靠經紀公司提高名氣。

但就在突如其來的某一天，她擺脫了被公司消費清純美貌的命運，勇敢做自己，在公眾面前展現了自己「壞女孩」的一面。但網友卻不理解，在一片指責和謾罵中，她以一種毀滅性的方式將曾經的美好和世間的惡意定了格。不過讓人費解的是，在她去世後，對她美貌的稱讚如潮般水湧來。

到底是誰在消費崔雪莉的美貌？經紀公司、她自己，還是那些粉絲？其實，在雪崩的時候，沒有一片雪花是無辜的。每個人都曾經消費過她的美，但每個人也都遺棄了她的美。

也許，這就是流行文化工業時代，這種對美的消費是沒辦法避免的。不過，我們不能把自己的美當作消費品。如果把別人的美當作消費品，還可以說是隨波逐流，但如果把自己的美當作別人的消費品，可以說是很不明智了。

就像在一些平臺上的網紅，不斷上傳自己的影片與美照，博得觀眾的點讚。點讚量多的就有可能得到經紀公司的簽約，這是一種質的飛躍。然而這些點讚量最多的影片或許毫無營養，隨便什麼內容，只要影片中的主角夠好看，就能得到很多讚賞。

我們一邊厭倦著網紅文化的侵害，一邊又用關注度和實際行動去支持，並沉迷其中，樂此不疲。那麼當我們宣傳在商業世界裡的美貌的意義時，誰才是最終得利益者？

二〇一四年，清華大學航太航空學院碩士林麗發布了一張入學和畢業的對比照，入學前她晒得黝黑，畢業時卻變得白淨知性，不少人驚呼「上完大學變成女神了！」隨著這個帖文的熱烈轉載，清華、北大等名校帶頭進行了一波「顏值行銷」，引起了其他大學官網的轉貼分享。但這一現象也被很多網友用「油膩」這個詞來形容，認為小編強調顏值的同時，沒有給這些名校足夠的學術方面上的重視，只是做了一場嘩眾取寵、捨本逐末的宣傳。

社交媒體對顏值的消費，看似每個人都是無辜的從眾者，然而每個人也都間接加重了其他人的顏值焦慮，讓所有人都覺得自己不夠好看，實際上是物化了每個人，讓每個人都變成了審美的客體。

美貌給別人帶來的愉悅是直接的，那些欣賞美貌的人才是最終的獲益者，世界在享受別人的美貌的人手裡。消費自我美貌的人不過是商業鏈的最後一環罷了。

由於我們每天都活在顏值的行銷裡，無形中似乎每個人都認同了「顏值即正義」這樣的看法。

如果你把美貌看成是一種資源，它真的就可以交換一切嗎？當然不是！就像逃漏稅的明星，無論她們之前有多紅，相貌有多好看，一旦觸犯了社會的底線，便不再會有人為她們的美買單了。

靠美貌改變生活的人，也是這樣。不可否認美貌的確令人賞心悅目，甚至在很多時候也有著優勢，但審美趨勢無時無刻不在改變，如果一味被審美綁架、迎合大眾品味，往往就無法真正擁有獨立的生活，甚至是獨立的人格。而人一旦失去了獨立的生活或人格，生活就不再鮮活，每一件事就像是為了別人而完成的，那些用年輕美貌兌換來的富足生活，也自然是趨於岌岌可危。

終其一生，我們能把握的，只有當下。無論你有沒有準備好，都要去追求真正值得追求的東西。否則你終將發現當年用不夠美當作藉口而錯過的那個人、那次勇敢上場的機會，甚至你因此失去的自信和勇氣，永永遠遠不會隨著你的變美再次出現在你的生命裡。

不要將自己的未來全部押注在這種轉瞬即逝的東西上，否則，當你失去它的時候，你也會一無所有。

真正清醒、獨立的女孩，才是這個世界上最堅強、最有趣的靈魂。

6. 先開口就一定會輸嗎？

很多人想變得漂亮，僅僅是因為外表好看了，心裡感覺會很爽。也有一些人會覺得，當美女就是有好處。那麼，我們就來追問一句：「當美女到底有什麼好？」

說來說去，當美女的最大好處，就是會有很多人搶著對你好，機會更多。那麼，我們再繼續追問一句：「很多人搶著對你好，就是占了便宜嗎？」

實際上，感情關係裡也有這麼一條定律：免費的，才是最貴的。

中國許多人都用過騰訊公司的兩款社交軟體，QQ和微信。這兩款軟體基本上都是免費的，QQ幹掉了曾經「高端」的網路即時通訊軟體

MSN，微信打敗了含著金湯匙降世的中國移動的「親生子」飛信。現在，全中國從老人到小孩，沒幾個人能擺脫這兩款應用軟體。

而這兩款軟體都是從免費開始——不斷給用戶更好的體驗，最後把用戶牢牢抓在手心裡。接下來，就是服務商說了算了。

給你服務，給你享受，但最後其實是服務方說了算。

同理，當一個男孩追一個女孩時，你會覺得這男孩滿不容易的——每天又是接又是送，想辦法哄女孩開心，簡直像個奴隸一樣。但是，在兩個人條件般配、沒有誰占了便宜的前提下，這個男孩才是這段關係中的主人。

首先，決定要追誰，是男孩挑的。他才是真正能發起一個邀約、建構一段關係的人。有挑選權，能給一個人很優越的心理體驗。就好像那些選了自己想讀的科系的孩子，自然會比被父母逼著選了自己不想選讀的科系的孩子來得有更多的主動性。

人一旦自己決定要做什麼，全世界都得給他讓路。愛情不也一樣嗎？

其次，決定關係是否延續的，其實恰恰是一段關係的發起者。例如，一個男孩每天都在固定的時間找一個女孩聊天，這樣聯繫了一個月之後，突然有一天他沒傳訊息給這個女孩，這個女孩一定會感到有點意外、有點失落，一時之間不知道怎麼辦才好。

起初需要想辦法找話題的男孩，其實在聊了一個月後，他有可能已經獲得了很多資訊，把女孩的喜好摸得一清二楚。而女孩呢？可能還對他的喜好一無所知，因為她始終都處在被迎合的地位——相當於男孩在暗處，女孩卻在明處。

如果兩個人不合適分手了，這個男孩往往會更容易放下，因為他的所有情緒已經得到了充分的釋放和表達。除了那些功利心特別重的人，往往是那個覺得自己努力過、問心無愧的人更容易放下。

最後，男孩才是在規畫未來的人，而女孩只是他規畫的一部分。主導整段關係往哪個方向去的人，儘管路途漫長，心中也會因為有清晰的地圖而覺得不慌不忙。畢竟，主動採取行動的人，才知道自己明天會不會聯繫這個女孩，而被動的那一方卻無法預測這一點。

所以，在任何關係中，都不是誰省了力氣，誰就占了便宜。真正的掌控者，是那些連情緒節奏中的輕重緩急都可以隨自己心意的人。因此，如果你覺得可以，就要主動去追求自己的幸福。覺得好的就去追，覺得不好就可以分開，不必擔心周圍人的眼光。

世上很多的女孩都希望能做被捧在手心裡的小公主，但那種人永遠是幸運的極少數。又或者我們可以說，在一個安穩的小世界裡，也許大部分人都曾經做過公主、王子。不過，也許由於環境的變化，或者由於公主和王子也按捺不住內心對整個世界的渴望，也想從城堡裡走出來過真實的人生。那麼，你就有可能會見到更現實、更殘酷的世界。

有位我很喜歡也很優秀的部落客曾經感歎地說：「為什麼從來沒遇

過一個機會，能讓我做一個有錢人？」

這位部落客，恰好是一位讀書型部落客。他最熟悉的生活，就是學校生活；他最大的財富，就是知識。他之所以會這麼想，是因為他的人生一直在一條既定的軌道上奔馳——讀書不需要選擇，也不需要爭取，自己喜愛即可。

但是，財富或者某個很多人翹首以盼的工作，卻絕非自然而然就能實現的目標。因為知識是越分享越多，但財富或者職位卻往往是有限的資源，得靠自己主動爭取。

我們都期望能得到所有世間的美好。不過世間大部分的美好，往往來自主動爭取和創造。

顏值是一枚限量版紀念幣

CHAPTER 04

她以為自己在屋子裡

便可以高枕無憂，

殊不知牆壁上已經出現了裂痕。

——福樓拜《包法利夫人》

1. 有一種美叫耐看

愛美之心人皆有之。大部分人其實都是在意自己的容貌的，尤其是女孩子。或許你也常常會在照鏡子時，默默評估自己的長相：「我長得漂不漂亮？」不同人在不同時間，由於心境的差異，得到的答案各不相同，或黯然神傷，或暗自歡喜。但其實，就外貌而言，重要的不是你有多麼好看，而是多麼耐看。

這樣的觀點是我在與一位朋友交流的過程中總結而來的。她是個熱愛旅行的攝影師，時常背起行囊、帶上相機去看舒適圈外的新鮮事物，於是走的路多了，見的景多了，遇到的人也多了。在一次沙龍上，她與我們分享了自己的雲南之旅——沿途風光無限好，雲南許多女孩的美令她神往。

她說，那裡的女孩子看著就很美，一頭烏黑發亮的秀髮、一身別緻的衣服、一個燦爛自信的笑容，建構了一個個看起來就很美的生命個體，以致於讓人們忘卻了端詳她們的眼睛是否明亮、眉毛是否細長、鼻子是否高挺、身材是否窈窕……她們的活潑開朗、熱情好客、談吐風格散發出的氣場，足以吸引大家的目光。

那裡的女孩子，很多都不是所謂的「第一眼美女」，但看到朋友拍的人像照片時，我們卻覺得這一張張臉龐，真是越看越有味道。單看眉眼、鼻粱、臉型……她們都稱不上美，可是一旦這些普通的五官組合成一張張明媚的笑臉後，我們都不由得感歎：「真好看！」

我們把這種怎麼看都看不膩的好看叫做耐看。

這種耐看源於發自內心的落落大方，給人一種毫不矯揉造作，無須搔首弄姿的舒適感。這種落落大方是來自她們做為當地人與人相處的熱情淳樸民風。

耐看往往源於一個人流露的氣場。有時候一個人長得很美卻處處畏怯，我們就很難去感受到她的美。當一個人處處綁手綁腳，如何才能有奪目的光環？這種畏怯其實就是因為對自己沒自信。因為大家都明白，美貌並不永恆，時光註定會剝奪容顏，所以有的人為了抵抗歲月，為了留住美貌，不惜在臉上花下重金，期待藉由美白針、玻尿酸、脈衝光等產品，能與殘忍的時光抗衡。卻不曾想過，越折騰越適得其反。

再厲害的駐顏術也抵不住歲月的殘酷，長得美終究會轉化為容顏衰老，這樣人盡皆知的道理讓人害怕，也讓人再也無法坦然面對自己的不完美，於是畏怯就成了必然。連自己都無法坦然面對容顏凋謝，還談什麼讓人感到舒服呢？連自己都不夠相信自己，如何能熠熠生輝？

讓東施出糗的其實不是她的外貌不夠漂亮，而是她的搔首弄姿；讓人鄙夷的不是外表如何，而是本末倒置。就像英國女王伊莉莎白二世，她早已一頭青絲換白髮，臉上也遍布皺紋，甚至時常穿著一般會被認為不適合這個年紀的芭比粉，但是我們卻還是發自內心地常常誇她：優雅、可愛。她的氣質足以支撐起她從容自然、優雅地老去，讓她看起來美。

精緻的五官往往可以透過修飾獲得，但是骨子裡的氣質卻只能從內心散發出來。否則，縱使長得再美也不過曇花一現，經不起端詳；而即使長得不美，只要能量滿滿，也能因為耐看而不讓人生厭。

讓一個人變得耐看的自信，是可以隨著自我修養不斷提升的，你大可以去旅行、去閱讀、去健身、去提高眼界……一切讓自己變美好的行為是給耐看加碼，給耐看賦予價值。

我知道，我們許多人都嚮往擁有好看的皮囊，之所以很多人認為好看的皮囊是重要的，是因為它代表了一份面對他人的體面。但也不要忽略了有比皮囊更為重要的東西——修養、眼界、格局、自信，這些東西才能真正地在很大程度上決定我們給他人的持久印象，這些東西不會因為時光流逝而枯萎，它們構成了耐看的本質。

好看不僅僅是第一眼的印象，更是一個人的恆久價值。把這種恆久價值展現在外貌上，就是漂亮，刻入靈魂，你的漂亮就會更加耐看。

2. 你有多美，取決於你怎麼定義美

匆匆忙忙的人生裡，擁有什麼才能過得精采？答案有很多，但很多人卻只執著於追求顏值，偏執地認為擁有它就可以高枕無憂，獲得無限好處。原因很簡單，那些顏值超高的人常常一出場就自帶聚光燈，立即迎來只屬於自己的光榮時刻、抓住觀眾的目光。於是很多人會認為顏值是所有資源中最直觀、最不費吹灰之力的，也是最一本萬利的。

而世界上真的存在一張王牌，幫你獲得自己想要的一切嗎？

換句話說，我們期望的「完美」，真的是完美的嗎？連英國王室都難以觀賞其表演的豔星蒂塔．萬提斯在書中說：「如果毫無缺陷才叫『完美』，那麼唯一值得擔心的缺陷就是這種『完美』會讓人變得冷漠，反而陷入自我懷疑。」這句話說得深得我心。放下對美的刻板印象，真正的自我才能熠熠生輝。當你從外在的優越轉向內在的優秀，你會發現：沒有一張完美無缺的臉蛋，同樣也可以把人生過得很好。

放下對美的刻板印象，我們會發現，認真求進取的女孩最耀眼。在年輕時以美貌成為網紅的「奶茶妹妹」，也就是現今的大企業家「章澤天」，我更喜歡章澤天這個稱呼。因為當我們提起奶茶妹妹時，很多人首先想到的是美貌和富豪劉強東的聯姻。但當我們提起章澤天時，想起的往往卻是那個拿起話筒就熠熠生輝的女孩，那個遠赴劍橋留學的女子。明明是同一個人，名字卻有著大相徑庭的意義。奶茶妹妹只有美貌，而章澤天持卻是奮發進取的代表，不驕傲、不放縱。

放下對美的一味迷信，我們會發現，獨立自律的女生最迷人。仔細回憶下來，你會發現美得讓人心服口服的，大多是那些能夠持之以恆、堅持愛好的自律達人。當別人在微博分享自己精修過頭的美麗自拍時，她們分享自己的健身打卡照，除去了胭脂水粉之後的滿頭大汗、酣暢淋漓的樣子真的值得點讚。雖然她們素顏出鏡，但擁有一顆熱愛運動、熱愛生活的心，真的也能讓人心生仰慕。

擺脫對美的固有成見，我們會發現，柔軟善良的女人最美麗。二〇一三年「感動中國人物評選」上有這樣一個女孩：她年僅十二歲，卻不幸身患重疾。當得知自己的身體狀況後，這位小女孩做出了令人驚訝的決定——將器官捐給需要幫助的人。在她離去後，她的父母遵從了她的遺願，捐出了她的肝和腎，救活了三個人。數年後的今天，每每提起這個女孩，我們都會由衷感歎，她是最美的女孩，她用善良的心感動了千千萬萬的人。

其實美好的品格還有很多，我以前一直很喜歡的一句話是「好女孩萬丈光芒」，一個人的美從來不僅限於先天的美貌。何況很多時候美貌可能是父母賦予你的，而其餘的萬種風情是只要我們努力，它們就會跑過來擁抱你。

美貌如同煙花，在我們年輕時可以開得無比絢爛，但時光易老，煙花易冷。美貌這朵花凋零後，我們有沒有其他的美可以被他人所看到？我們可以珍視外貌，可以竭盡所能去維護它，但也要多多關注人生其他的光采。真正動人的顏值，是你面對別人對自己穿衣風格的指責時，仍舊能保持自己個性的淡定從容；是你在眾人面前講話的時候，侃侃而談的揮灑自如；是你在遭遇生活打擊的時候，依然能保持體面的優雅和自信。無論你把美定義為什麼，都可以肆無忌憚地表達自己的喜好，這是世界和你的約定，也是對自己的寵愛。

美是一種沒有規則的規則，因為你要為自己的美制定規則。活得開心痛快，你的眼中才會有神采。不然，美又從哪裡來呢？

3. 漂亮這個人設，我不要

我們公司做過很多親子教育方面的圖書。我發現，現在教育領域，專家們幾乎達成了一種共識：如果你要表揚一個孩子，千萬不要表揚他漂亮或者帥氣，因為孩子的相貌不是自己努力的結果，而是父母給的。如果他在成長過程中，總是因為一些不需要後天努力的原因得到表揚，那麼他容易陷入可以不勞而獲的錯覺。

同理，我們也不要總是表揚一個孩子聰明、腦筋靈活。想要讓孩子勝不驕、敗不餒，就要表揚他努力、堅強、有探索精神等可以後天培養的特質。因為，你的所有表揚，都會給這個孩子建立一種「增強迴路」。

簡而言之，如果你能搭建一個系統，在這個系統中，原因能夠增強結果，結果反過來又增強原因，整個系統能透過這種相互作用自動擴張——這就是增強迴路。

如果在孩子很小的時候，我們總是在他努力的時候表揚他勤奮，在他反覆挑戰困難任務時表揚他堅強，他的耐挫能力就會比較高，在以後的人生中，就比較容易建立起勤奮、堅強的寶貴性格。透過這樣的方式，你就給孩子搭建了一個對其成長有利的增強迴路。

但是，如果一個人耳邊總是會響起「漂亮」這樣的表揚，那麼，他就有可能從小就進入了一個注重顏值的增強迴路。比如，花更多的時間凝視鏡中的自己，把更多精力花在時尚穿搭上，更注重自己的儀態和髮型……也許，在青春期的那段時間，他會走在所有人的前面，成為最好看的那批人，不過，人的顏值總會慢慢下降的。例如某位女星曾經是全民級別的偶像，曾經被人稱作「小妖精」，然而隨著年歲漸長，紅顏不再，再化上煙燻濃妝，就被刻薄的人稱為「老妖精」。即使打再多的玻尿酸，也難以留住年輕時的美貌；再緊緻的皮膚，也抵抗不住幾十年的地心引力，終究會鬆弛下垂。美貌是天生的，誰也改變不了。美貌不是一種原罪，不是口誅筆伐的對象。但是，如果你擁有美貌，就應該用正確的態度去對待美貌。

曾看到某處有一個說法：「好看而不自知的人最美。」無論你知道還是不知道，美麗就在那裡，不增不減。所以，顏值高不高，無須過度關注，也不用覺得「美貌」才是一個人最好的標籤。

物理學家普朗克、藍芽之母海蒂．拉瑪、石油專家王德民、生物學家顏寧……提到這些人的時候，我們腦海中第一個出現的是他們在各自的專業領域做出的巨大貢獻，而不是他們的顏值有多高。

幾年前，演員馬思純發過一則貼文，得到了很多人的贊同。這句話是這麼說的：「這世上比我美的女生很多，比我有才情的女生也很多，比我賢慧的女生還是很多，可是這並不令我沮喪，因為我比從前的自己好了很多。羡慕從不盲目，知足也知火候。以前寫給自己的話，如今加上一句，謙卑但不軟弱，自信卻不驕縱，勇敢也別放肆，我永遠深信，任何的得到都是眷顧。」

「演戲」在大家看來是一個靠臉吃飯的行業，但馬思純仍能看到別人在各方面的優勢，鍾煉自己的心態，把人生當作一場和自己的競賽。

所以，在追求顏值之前，請先把自己的能力置頂。況且，顏值從來也不是一個人最有價值的標籤。真正值得終生守護，又讓人賞心悅目的，是風度，是對生活的良好心態。想想看，自己身邊真正被你喜歡過的那些人，可能是溫柔善良的好友，可能是聰明絕頂的學霸，但很少有人單憑顏值就會獲得你的青睞。

如果一個人身上有且僅有高顏值這麼一個標籤，其實是有點可悲的。即便是對於中國女歌手楊超越這樣席捲娛樂圈的現象級偶像，大家喜歡的也不僅僅是她的美貌，更多的是她的直爽率真，不是嗎？

4. 別讓顏值，成為人生的最大值

我在某處看到一個觀點，一個才華超過九〇%的人，比顏值勝過九〇%的人更厲害。但原因在哪裡呢？因為，才華的上限和顏值的上限不一樣。

很多朋友可能都看過《宅男行不行》這部情景喜劇，這部美劇裡的很多橋段都源於真實的生活。透過這部劇，我們了解到，做理論物理學的人可以說是站在物理系鄙視鏈的頂端，而參與太空船設計的工程師，在物理系卻要受到每個人的鄙視。

這種看似毫無道理的鄙視，簡直叫我們跌破眼鏡。那麼，這種物理系內部的鄙視鏈究竟是怎麼出現的呢？也是上限的不同造成的。

理論物理學研究的是最基礎的東西，這個專業要做的事情，就是提出一些原本沒有被發現的假說，要對人類觀察不到的一些極致的情況進行猜想和論證。所以，理論物理做得好的人，才能是沒有上限的，如果足夠厲害，甚至可以改變整個物理學的走向，顛覆整個學科。例如牛頓和愛因斯坦。

而工程師就不一樣了。工程師只是根據已經明確的一些物理原理進行一些實際的發明創造。他們不需要把任何原理推到極致，只需要對具體情況下的發明創造進行驗證就可以了。即使他們創造了某種東西，也不會對整個物理學產生影響。所以，他們能夠影響的範圍實際上很有限。

和理論物理學家與工程師之間的差距一樣，才華與顏值之間也存在著巨大的差距。為什麼才華超過九〇％的人，比顏值超過九〇％的人更厲害？因為一個人的才華是沒有上限的。如果一個數學家足夠厲害，就可以摘取數學皇冠上的明珠，甚至可以和愛因斯坦一較高下。

總之，才華這個東西上限很高，只要足夠有才，你完全可以突破其他人的上限，自己創造一個上限。但是很顯然，顏值無法做到這一點。

顏值不僅有上限，而且天花板很低。想突破顏值的上限？幾乎不可能。甚至有時候，時代的總體顏值還會出現一種倒退，比如，現在很多人都覺得，如今的女星沒有林青霞、王祖賢那一代的女星美了。想要讓顏值再高些，就需要其他的附加值了，單單提高顏值是做不到的。

簡而言之，如果才華的滿分是一百分，顏值的滿分卻可能只有十分。才華還可以無止境地上漲，顏值卻不行。

例如，現代作家寫出來的東西可能沒辦法媲美李白、杜甫，但另闢蹊徑，在某個文學類型中進行一點小小的創新，也還是有可能的。如果足夠有才能，你可以改變所有人看待世界的方式，比如當一個哲學家；你還可以改變所有人生活的方式，比如成為蘋果公司創始人賈伯斯。

但顏值就不同了。「人無千日好，花無百日紅」，無論老天爺多麼賞臉，也就是給人一個很高的初始值。且到了中年之後，這個初始值會開始走下坡路了。即便是絕色美人，再怎麼保養也無法保持顏值巔峰，能保持原有水準就不錯了。

當然，顏值也有一套自己的邏輯和規律，但這個邏輯是沒辦法追根究柢地往前推的。如果你在這個領域的潛心研究，也能換來時尚尖端的位置，但這和自己變美是兩碼事。

而巨大的才華就不同了。當我們把才華做到極致的時候，才華就可以在人生和社會的每個領域綻放自己的光采。比如金庸這樣的作家，幾乎可以說有華人的地方就有金庸小說。無論是影視、時尚、文學，還是社交、為人處世、中國傳統文化……都能搭載上這一個巨作，並長久地發揮其價值。

可見，才華才是可以穿透時代、穿透每個社會圈層的力量。

有句老話說，對一個人的欣賞，始於顏值，敬於才華，合於性格，久於善良，終於人品。千萬別讓你的顏值，成為人生的最高值。因為，顏值只是底線，才華卻可以突破極限啊！

智慧比顏值
更能帶來一場心動

CHAPTER 05

人並不是因為美麗而可愛，
而是因為可愛而美麗。
——托爾斯泰《安娜．卡列尼娜》

1. 平凡是愛最恆久的本質

辦公室有個女生結婚沒多久就開始陷入悵然，她覺得老公不那麼愛她了，他們的愛情肯定出了問題。

細細問來，原來是女生覺得她與老公步入婚姻後，感情濃度大幅下滑，每日圍繞的都是柴米油鹽醬醋茶，這種毫無波瀾的平凡得讓她覺得喪氣。

「你們說，是不是我這張臉他看久了、膩了？」女孩哭喪著臉，讓人看著十分心疼。

「難道你老公每天陪你上刀山下油鍋才不算膩了？哪來那麼多驚天地泣鬼神啊！就算你美若天仙，這世上還沒那麼多刀山和油鍋呢！」某位同事的話堵住了這個女生後面的所有抱怨。

聽到這，我悄悄離開了討論圈，心裡不免有些感歎，又是一個不甘平凡的女孩。自從各種「霸道總裁愛上我」的戲碼充斥網路後，許多人對愛情的關注點越來越偏頗。因為故事裡的女主角勢必是貌美如花的，她與男主角的感情也勢必多災多難，正是這重重考驗才能證明男女主角的情比金堅，是如蠟燭燃盡生命般熱烈的。

於是年輕女孩們都深信：只有轟轟烈烈的愛情才是愛情。

可是就像我同事所說的，世界上哪有那麼多刀山油鍋呢？平淡才是愛情的本質，所有熱烈到最後都會趨於平淡。當現實與理想發生衝突時，那些沒能轉過彎的女生就都開始糾結、焦慮：是不是因為我不夠美才沒辦法得到轟轟烈烈的愛情？

在婚戀中充滿著對外貌的焦慮。婚前擔心外貌不過關，步入婚姻很困難；婚後又害怕人老珠黃。一個好的外貌就真的能讓愛情保鮮嗎？

理論上最好的愛情，是**激情、親密和承諾一個也不能少**。

上述提到的那個女生，覺得她的愛情出了問題，其實是激情漸退。激情往往是由多巴胺決定的，人體內的多巴胺濃度越高，則越有激情。可是多巴胺並不能永遠維持在極高的水準，一個人天天處在亢奮的狀態，有可能嗎？正常嗎？但轟轟烈烈，燃燒彼此卻是很多人認為愛情該有的樣子，如若不是，就是對方看厭了自己。

還記得前幾年網路上熱播的一部名為《親愛的，不要跨過那條江》的紀錄片，片中講述了姜溪烈與丈夫趙炳萬的愛情故事。

這對耄耋夫婦甜蜜「肉麻」的生活讓人羨慕，後來老爺爺趙炳萬的驟然離世又讓人落淚，這是我見過的最美好愛情的模樣。可是他們的愛情難道就不平凡嗎？要知道，他們居住的並非皇宮大院，而是韓國江原道橫城山村；他們的日常不過是一起吃飯、牽手散步等細碎瑣事，而不是打怪闖關般歷劫；這對老夫婦也沒有明星般無可挑剔的長相，他們只是一對白髮蒼蒼的老人。但是這樣平凡的日常這並不妨礙我們發自內心去羨慕他們，那麼為什麼到我們自己身上卻總會糾結於愛情是否太過平淡？

一方面，這其實是我們內心的不安在作祟，因為大家都明白任何關係都需要妥善經營，平淡的愛情也是。當我們缺乏經營時，內心的不安就會變相成為自己找藉口：因為我不夠美、因為我不夠優秀、因為……

另一方面，大部分人都希望自己能成為世界的中心，成為文學作品中的女主角。許多人都過分羨慕那些美貌的人，潛意識中就已然將美貌等同於收穫和特權。可是世界哪有那麼多女主角？文學作品之所以為文學作品，就是因為其強烈的衝突和戲劇性。於是成不了女主角的人，只好將自己「不夠美麗」的抱怨當作發洩失望的唯一出口。

只有那些不成熟的人才會期待愛情永遠像電視劇一樣轟轟烈烈，成熟的人會好好經營好自己的家和愛情。

生活就是柴米油鹽醬醋茶的總和，所有熱烈的愛情最終都要歸於生活，回歸平淡。但是平淡不代表不存在，愛情很脆弱，但也不是真的那麼脆弱。

2. 因為遺憾，我們愛好看的人

近來，「顏值即正義」已經成了某種近似「政治正確」的東西。

「你長得那麼好看，說什麼都對」，這麼說的時候，人們固然也帶著幾分調侃，但心裡似乎也沒覺得有什麼不對。

不久前，新加坡有一位鬥毆中過失殺人的女性，竟然因為顏值高，引發眾多網友聯名為她求情免除死刑判決。真的讓人難以置信，顏值竟有這麼大的威力。

二十世紀八、九〇年代出生的這一代人，從小學到高中，一般無論男女，家長對他們的要求都是關於課業。為了能讓孩子取得一個好的成績，家長們拚命幫孩子報名補習班，家長在孩子考砸了之後參加家長會，往往都會感到顏面掃地。

如果一個孩子成績不好，哪怕他再怎麼愛勞動、關心他人、人品正直，似乎也不會得到多少褒獎。

這原本也會帶來一種公平——大學入學考試的公平。所有人都為這場考試全力以赴，以最大的莊重去對待。但這同時也形成了一種風氣——很多孩子只會用成績好壞去評價自己。比如某個人成績好，就理所當然應該當班長，大家也願意聽他的。不誇張地說，在一個人成年以前，學習成績是很多人心中的權威。

上了大學之後，話鋒突然就變了。家長關心你的話題變成了：「什麼時候把你男朋友／女朋友帶回家看看？」

當思想裡的舊權威消失之後，一個人是最脆弱、最容易被攻占的。

學習成績靠不住了，那麼大家應該相信什麼力量呢？很多孩子小時候都學過某種才藝，琴棋書畫、游泳、溜冰……家裡有條件的，還會讓孩子上很多千奇百怪的課。但每個人的才藝都不一樣，這個人可能在彈吉他方面更勝一籌，那個人能跳街舞，到底誰更優秀？

原本統一的標準消失了。這個時候，一個新的、統一的，甚至能跨性別去比較的東西出現了——顏值。

它和成績一樣，是擺在明面上的，每個人都能看到；同時，它又和年輕人在這個階段的「績效」有關，對談戀愛有直接的影響。

現實就是這麼殘酷，顏值一下子就取代了成績，成了很多人心目中的新權威了。

這個時候的顏值，還帶有一點青春反叛的意思。從前，命題的權力都在別人手裡，我們只能乖乖埋頭答題；現在，喜歡不喜歡，顏值高不高，可以自己說了算。

這樣，你就可以理解，為何顏值在一個人的成長過程中是做為成績的對立面出現的——越是重視成績的地區，似乎就越會狂熱地追求顏值。

比如說，歐美地區的明星素顏出來逛街的有很多。甚至，在他們化了妝之後，和一般的路人差別也沒那麼大。

相反，東亞地區的明星似乎都把自己當作是動漫裡的人物來打扮，恨不得一張臉只剩下一雙大眼睛，各路網紅也跟著有樣學樣，一定要給自己修出一張錐子臉。曾經還爆出網紅忘記開濾鏡，暴露真實長相之後，因為和螢幕形象反差太大，居然造成「播出事故」的新聞。

所以說，顏值評價是作為成績評價的對立面出現的，是後者一種反向的對等物。

顏值背後的心理是什麼？是一個人終於能擺脫成績的束縛，主宰自己人生的某部分。他們被壓抑得太久，於是他們下定決心——這一次，要為自己而活。

他們愛顏值，很多時候，也是在「憑弔」自己姍姍來遲的青春。

3. 有審美就有疲勞

有一本暢銷書本叫《別讓相愛敗給了相處》，這個書名戳到了多少人的痛處。我的朋友小王就是這樣一位讓相愛敗給了相處的「中槍者」。他三十來歲，就已經離過三次婚。「原來婚姻真的會讓人審美疲勞啊！」是他掛在嘴邊的一句感歎。

小王是在星巴克遇到自己第一位心上人的。女孩子當時穿著很仙氣的長裙，波浪捲的長髮很隨意地披散在肩膀上，小王第一眼就愛上了她完美的側臉。此後兩個人經常在星巴克「偶遇」，三個月之後，他們就成了幸福的一對。

但慢慢地，小王發現了對方的很多缺點，開始覺得厭倦了。以前能花半個小時等她的電話，現在連替她開個門都不耐煩。後來，小王愛上了其他的女生，兩人和平分手。小王接下來的幾段婚姻也沒能逃脫分手的結果，小王自己也很苦惱。

為什麼會出現這種現象呢？《快思慢想》中談到一個有意思的理論，叫「回歸均值」。就是說，人的感受是有個平均水準的，可能某個時刻，你的幸福會達到頂點，但隨著時間的流逝，感覺又會回歸到原來的水準。

王小波曾經說過：「如果人長時間生活在一種無法改變的痛苦中，痛苦也會變成一種幸福。」其實倒不是痛苦變成了幸福，而是時間長了，痛苦就淡化了，而生活總會給人帶來新的樂趣。

人生若只如初見，何事秋風悲畫扇。第一次看到美女，難免驚為天人，但看的時間長了，也就那樣了。

如果美僅僅停留於表面，那無論多麼美，最終一定都會疲勞的。我們想要防止審美疲勞，就不要讓對方把注意力集中在外表上。

為什麼呢？因為生活中還有很多其他的東西可以看啊！兩個人共同處理某件事的樂趣，或者一個人先享受到一種樂趣，再分享給另外一個人，都是很快樂的事。

你喜歡讀書，讀到其中有意思的段落，就可以和身邊另外一個人分享。有些書，不是相愛的兩個人一起讀，是沒辦法領略妙處的。比如《愛之語》，兩個人一起閱讀，會比單單一個人讀，更能感受到不一樣的境界。

你喜歡園藝，一個人獨自打理花園和院牆，是很辛苦的。一個人灑水，一個人剪枝；一個人掃地，一個人餵魚，說說笑笑，悠閒自在，這才有樂趣。等到滿架薔薇盛開時，和另一個人攜手共賞，豈不美哉？

甚至，哪怕你僅僅就是想好好工作，好好經營自己的家庭，你也可以有很多事情可以做。和另一半談談一天的心得和煩惱，哪怕另一個人只是安靜地傾聽，也能有著分擔的作用。如果聽的人還能時不時提出一些建議，就更能讓人得到安慰。

就像那句話一樣：兩個人一起分享快樂，快樂就會加倍；兩個人一起分擔痛苦，痛苦就會減半。

沒有什麼樣的身體之美，經得起長久的審視。再好的容顏，看多了也會厭倦。年輕時，女性的美跟外貌有一定程度上相關，但基因、激素不可逆，隨著時間的流逝，你的性格、知識、能力、儀態會受到更多關注。這時候，美就不僅僅是容顏，而是發自內心地感受到的一種美好。

美只能給人短時的吸引，看多了也會感到厭倦，但一個懂你的人陪在身邊，卻能不斷地給你輸送能量，因為在懂你的人面前，你可以卸下偽裝，做最真實的自己。

懂你的人，會用你所需要的方式去理解你。不懂你的人，會用他所需要的方式去對待你。

懂你的人，你的一句話，一個動作或者一個眼神，他就能明白你所表達的意思。

兩個人之間的相互理解，是超越了容貌，甚至超越了語言的。在外人面前，很少有人會分享自己的痛楚，我們總喜歡用微笑來掩飾一切。把「我很好，我沒事」掛在嘴邊的人，卻忘記了只有真的有事的人，才會說沒事。而沒事的人，卻根本不明白發生了什麼事。

我們變成了刺蝟，用滿身的刺擋住了別人的關心，心裡卻那麼孤獨。但是我們仍然渴望著，渴望著有那麼一個人能撥開我身上那些刺，耐心地聽聽我們內心的聲音，明白我們的口是心非，懂我們沒有強勢的自信，理解那些並不牢固的堅強。

最舒適的、最安全的、最溫暖的，永遠不是一個人的容貌，而是那種貼心的溫暖。鞋子總會越穿越舊，但只有穿舊了的鞋子越來越舒服。

4. 對味的人永遠都有共同話題

在這個看臉的時代，許多人都喜歡將顏值與愛情聯繫在一起，並把對外貌的焦慮融入感情的方方面面。不被愛是因為長得醜，分手是因為人老珠黃，懷抱這樣的心態的人很少會去挖掘外貌背後的不般配。

大多數時候，不般配的其實不是外貌，而是話題，外貌的美能吸引一時，卻無法持續吸引一個人。這並非喜新厭舊，也不是朱顏衰老，而是因為兩個人的結合、相戀、久處並不是只看臉就夠了。一段愛情能不能維持，其實還要看兩個人對不對味，能不能聊得來。

太多人在因為外貌相戀後遇到的最大的滑鐵盧就是——不合適，因為他們怎麼聊、怎麼相處也不對味。人們常常調侃——好看能當飯吃嗎？

同樣的，好看也不能當話題聊。我們可以就彼此感興趣的話題聊一輩子，卻無法圍繞「你好漂亮」「你長得好看」這樣的話題聊一輩子。

這樣的道理其實每個人都知道，但偏偏還有那麼多人喜歡揪著外貌如何不放。原因很簡單。在遭遇的失敗時，我們都會習慣於內歸因或外歸因，也就是總要找個理由。內歸因的人會陷入自責，認為是自己的問題導致感情的失敗，或許是不夠美，或許是能力不足，或者是……這樣的歸因方式總能讓人留有一絲希望：或許我變美了，或許我提升了自己，就可以挽回。

而外歸因的人則會將問題歸咎於對方，是對方喜新厭舊，是對方「顏控」……畢竟沒有多少人願意承認「一段感情的失敗中也有自己的問題」，所以很少有人把感情失敗的原因歸於性格不合、三觀相背、聊不來等。儘管事實就是如此，他們還是更願意將感情的失敗推到容貌或其他因素上，而自己則是感情中的受害者。不夠好看的他們遭遇不幸的感情，足以將他們放在弱勢的地位上。

不可否認，失戀是痛苦的，而無論內歸因或外歸因都能讓失戀者好受一點。可是這對解決問題毫無幫助。很多人常常在這樣的歸因後依舊會陷入情傷，因為他永遠無法正視他們的感情真正存在的問題。因為不正視，所以也不會意識到怎樣的人才是對的人，於是下次戀情裡就很容易繼續上演上一段戀情的戲碼。

有些時候，兩個人的事，並不存在絕對的誰是誰非，只有合不合適。就像俗語所說的，蘿蔔青菜各有所愛。不對味的人，即使始於顏值，沉淪於才華，也不能情投意合。

說到情投意合，錢鍾書與楊絳的愛情或許就是答案。對這兩人深有研究的胡河清是這樣評價他們的愛情的：「錢鍾書和楊絳伉儷，可以說是中國當代文學中的一雙名劍。錢鍾書如英氣流動之雄劍，常常出匣自鳴，語驚天下；楊絳則如青光含藏之雌劍，大智若愚，不嫌鋒刃。」

他們雖風格不同，但卻都深愛文學。有著共同興趣愛好的他們總能在生活中發現各種各樣的樂趣。這種對味，是來自內心深深的共鳴。所以他們總有說不完的悄悄話，寫不完的情長紙短。當然，他們偶爾也會鬧小脾氣，例如，他們曾因為某個法語讀音的異議而爭得不可開交。

可是這並不影響他們的感情，對味不是保持完全一致的處事風格，也不要求完全一致的三觀，它是一種相互理解後的求大同存小異。

一輩子很長，要和聊得來的人在一起才能對抗漫長的時光。

5. 郎才女貌只是感情的額外贈品

怎樣的愛情值得羨慕？這是許多女孩都會問的問題。毋庸置疑，肯定有很多人會說，郎才女貌就是最值得羨慕的愛情。但其實郎才女貌從來都不是愛情的主菜，就如《簡愛》中所說：「愛是一場博弈，必須保持永遠與對方不分伯仲、勢均力敵，才能長此以往地相依相惜。」可是外貌從來不是能與才華相匹配的籌碼，才華也未必是愛情長久的保鮮劑。所謂的郎才女貌不過是感情中的贈品，有了就是錦上添花，沒有也是無傷大雅。

就像《簡愛》中的女主角簡，她外貌普通，身材乾癟瘦弱，但她並不比任何白富美差，因為她的精神足夠富足，靈魂足夠善良。而男主角羅徹斯特則是一個稱不上帥氣，但很堅毅，極有責任心的男子。如果你認真讀完這本書，你會發現兩人之間讓人動容的愛情、他們的般配，不是因為他們的外貌多麼出眾，也不是因為他們多麼才華橫溢，因為他們不過是大背景下的普通人。但是羅徹斯特從來不介意簡的平凡與窮困，簡最後也沒有拋棄因火災致殘的羅徹斯特，並且成了他的妻子。當我們談論男女主角之間的這種真情時，很少有人會關注到他們的外貌和才華。

這才是最動人的愛情。

我的一個朋友曾經跟我說，他最羨慕的愛情是父母的愛情。每天吃完晚飯後，他父親總會與他母親手牽手去散步。雖然他的母親並不貌美，他的父親也不是什麼才華橫溢的大才子，但他們切切實實恩愛相伴地度過了很多個春秋。

以前他總糾結於自己不夠優秀，不夠帥氣。但他說，每每看到父母的樣子，他就覺得又相信愛情了，相信普通人也可以有甜蜜的愛情。

一次下午茶閒聊時，朋友說了這樣一段話：「我們太多人喜歡給愛情預設一個模樣，認為郎才女貌的愛情才是這個世界上最牢固的愛情，其實不然，郎才女貌的愛情也只是普通的愛情，它與普通人的愛情無異，也可能會消散。我們看到心中的美好幻影破滅了，就說再也不相信愛情了。那為什麼不去看看身邊的愛情呢？你或許會發現，普通人的愛情也大抵如此，有人分開，也有人永遠相守。我們該羨慕的是一人心與白首不相離，而不是郎才女貌。因為郎女貌並不能為愛情增加抗風險的籌碼，它只是錦上添花，吸引的只是他人的注意到罷了。情之冷暖只有當事人才知道。」

其實對愛情的錯誤理解很多時候恰恰是因為我們把自己看得太重。對郎才女貌的渴望是因為我們不甘平庸、不甘平凡，大多數人總喜歡將自己視為世界的中心，期待能夠成為聚光燈下的那個人。可惜的是，大部分人對這個世界而言不過是個普通人，沒有很出眾的才華，也沒有很出眾的外貌，過著普通的生活，做著普通的工作。

我們可以期待郎才女貌的愛情降臨，也可以讚歎郎才女貌的愛情，但無須羨慕，也不要把它當作唯一指標。誰又能說，普通人就不配得到愛情呢？誰又能說，不是郎才女貌的愛情就不幸福呢？

不要太執著於郎才女貌，它不過是感情的贈品，它並不妨礙你愛別人，也不妨礙你得到愛情。愛情除了才華與美貌，還有更多需要挖掘的美好，例如人性之善，例如有趣的靈魂。如果那個愛你、欣賞你的人還未出現，與才、貌無關，只是時機未到，你要等，一邊修煉自己，一邊等。

把美當作結果，而不是開端

CHAPTER 06

美在哪裡？
在我需以全意志意欲的地方；
在我願意愛和死，
使意象不只保持為意象的地方。
——尼采《查拉圖斯特拉如是說》

1. 優勢也是一種限制

週末去看電影，發現年紀越大，就越不容易被影劇裡刻意設計的哭點打動了。倒不是因為心腸變硬了，實際上，我仍舊和以前一樣，會受到別人情緒的感染。但由於編輯的職業習慣，我對劇情發展的預測能力越來越強，很多時候，每當勾人落淚的情節出現的時候，我早就預料到劇情會這樣發展了，自然受到的觸動就被稀釋掉很多。

文學作品調動讀者情緒的規律，和我們日常生活中的感情規律，其實並沒有什麼兩樣。

我曾經在網路上看到一個有意思的問題：如果知道一個女生對配偶有什麼樣的要求，並達到了她的標準，是不是就可以和她談戀愛了？

獲得點讚數最多的回答說：「沒用的，這些所謂的標準可能只是女生拒絕你的藉口，沒有人會說出自己內心的真實想法。」

我倒覺得，這只是其中的一種可能。還有一個可能是，其實每個人對自己想法的描述，都不是永遠正確的，那只是一種此時此景，是一種當下主觀的預設。

一個女孩可能在還沒談戀愛之前，會提出種種抽象的要求，比如男孩身高一定要一百八以上，而現實中一個一七五的男孩子對她很好，她也可能會覺得對方挺不錯的。這個時候，她早就把自己擬定的擇偶標準拋到九霄雲外去了。

相貌上的優勢也是一樣。受到影劇和小說的影響，很多人都覺得自己的另一半必須要好看，要滿足自己「對愛情的想像」，但真正談起戀愛，卻會發現完全不是這麼一回事。

顏值是擺在明面上的優勢，你可能會有一個強烈的預期——自己會被顏值打動。由於這種預期過於強烈，反而妨礙你對美貌之人產生心動的感覺——和前面提到的那些看電影的觀眾一樣。

而那些不以顏值取勝的人，他們的優勢是潛伏在水面之下的，你也不知道自己會發現他們的哪些優點。

很多時候，心動的感覺，就是一瞬間發生的事。本來一個你覺得平凡無奇的人，因為寫得一手好字，彈得一手好吉他，或者在你失落的時候講了幾句暖心的話，反而會讓你怦然心動，覺得找到了「命中註定就是你」的感覺。

這種感覺不是按照劇情設計好的，而是突然發生的，讓你猝不及防，猛然墜入了愛河。這就是愛情的奇妙之處。

我想，很多人的感情可能都會經歷的一個過程——初相識的時候，你不知道這個人怎麼樣，後來開始發現這個人的優點，再後來又對一個人的優點漸漸習慣，以致於漸漸視而不見。到最後，連你自己也不明白為什麼會對這個人如此著迷，卻仍舊能繼續從平常的生活中發現對方新的一面，並為之感到驚喜。

在人們說自己喜歡高顏值的另一半的時候，喜歡的其實是浪漫的遐想——打破原本平庸的日常生活，讓你覺得自己獲得了異於常人的東西。所以，通俗小說作者往往會假設一些極端情況的存在，比如貌不驚人的女主角突然被高大、英俊、帥氣還多金的男主角愛上，而且終生不渝——這是讀者普遍會幻想的橋段。

然而，浪漫降臨的方式，比我們想像的要多更多。並不是所有浪漫都會以小說裡那種極端的方式來到我們面前。

觸發情緒的開關到處都是，意想不到的幸福一點就著。美好和浪漫，其實就藏在每個人身邊。

2. 當你找到自己，才能找到你的美

金庸小說裡面有個有意思的說法，叫「文無第一，武無第二」。文無第一，說的是一個人的文章寫得再怎麼好，和其他人相比也是各有千秋，很難分出誰高誰低；武無第二，意思是說比武總能分出第一和第二，看誰行，只要比畫兩招就知道了。

很多人覺得自己不夠好，是因為他們對「美」的追求過於狹窄——追求的多半是「比別人美」，或是至少不能「比別人差」。

有個編輯曾經說，自己很怕和又甜又嗲的女孩子一起逛街，覺得人家是嘴巴裡含塊石子都會化，而自己恐怕是可以「胸口碎大石」，相比之下難免有自慚形穢的感覺。

還有的人說，不喜歡自己的形象，覺得自己太幼稚，想要變得成熟起來。

實際上，美就像金庸先生所說的「文無第一」一樣，總是各花入各眼，各有千秋。

首先，美不是一種表演。一個不喜歡撒嬌的獨立女性，自然很難做出小鳥依人的姿態。想和其他的人比美，就要在內心深處把自己當作另外一個人——這實際上是對自己的不尊重。

有句話說得滿好的：「請謹慎選擇你的對手，因為你們會越來越像。」所以，就算是為了在情感關係的競爭中獲勝，也不要去模仿別人，做好自己就夠了。

但同時，美也是一種表演。但你演的不是另外一個人，而是在特定的場合中你要去「扮演」的那種風格。

例如，你是一位熱舞演員，就要在舞臺上演出性感妖嬈的樣子，這是節目要求你做的；如果你要在公開場合演講，那麼就要講得慷慨激昂，這是對全場聽眾的尊重；如果你是伴娘，那麼就要低調一些，不用過於搶戲，因為這一天可能是你的好朋友人生中最重要的一天。

你說出的每句話，表現出來的每種樣子，都要符合你身處的場合，這是場景給行為賦予的意義。我們無須去和任何人比較，只要表現出恰如其分的自己，就是美的。只有你表現得忠實於自己，才是恰如其分。

可能女性朋友中很多人都看過韓國歌星李孝利的表演，她以舞蹈熱辣性感、磁性歌聲動人聞名。然而，她在功成名就之後選擇淡出歌壇，並在二〇一三年和音樂人男友李尚順結婚。兩個人的婚禮非常簡單，李孝利穿著一件幾千塊的婚紗就把自己嫁出去了。退隱幾年之後，人們才在綜藝節目裡再次見到這位昔日的性感女神。

在《孝利家民宿》裡，觀眾們看到的是最真實的李孝利以及她的家庭生活。李孝利素顏上鏡頭，看起來自然而隨意，夫妻兩人間的互動讓人覺得溫暖而放鬆。

由於李孝利原本的名聲，也由於節目中的李孝利和大家熟悉的那個會跳熱舞的她反差強烈，更由於節目傳達出的平凡生活的美好，這個節目紅遍了韓國，也獲得了不少中國觀眾的喜愛。《李孝利民宿》在中國影音網站上有將近兩萬人評論，得分九．四，可以想像它有多麼受人歡迎。

在舞臺上勁歌熱舞的李孝利，與在《孝利家民宿》中盡情享受生活的李孝利，很符合我們上面所說的理念。

李孝利在婚姻中選擇愛情，最後過上了自己嚮往的輕鬆自在的生活，無疑是尊重自己內心的表現——恰如其分地做自己，美就是一種自在。

在女人之間的角力與追逐中，外貌更美者未必勝出。究竟什麼樣的人會贏得感情，贏得圍觀者，我們根本總結不出所謂的規律。人心是複雜的，也是千變萬化的，與其去捉摸一個不可知的標準，不如摘下這頂緊箍咒，該做什麼就做什麼。

張愛玲在看到情敵小周的那一瞬間也會自慚形穢，覺得自己沒有對方身上那種少女的美。然而，百年之後，人們早已不知小周是誰，卻記住了才女張愛玲。很多人都為她對胡蘭成錯付真情而扼腕痛惜，她的隔代知音——著名學者夏志清卻宣稱：自己最愛的女人就是張愛玲。

不要讓美成為束縛住你的理由，你，才是自己生活的導演。

3. 自律是美貌持久的利器

常常我們羨慕別人的容貌，卻沒有看到對方在維持容貌這件事情上付出的努力。沒有任何一種成功來得很輕鬆，外貌的成功也是如此。能阻礙我們變得更好、更美的從來不是命運，而是我們自己，能讓我們變得又美又快樂的也只有我們自己，自律才是恆久維持美貌的利器。

我認識的一位女生，她是朋友們心目中的女神。知名大學畢業的她去了一家知名公司上班，翻譯的工作讓她獲得了可觀的薪水，過著小資的生活。所有人都羨慕她能把小日子過得如此滋潤，也羨慕她貌美如花。但是與她關係親近的人卻都很清楚，哪有什麼輕輕鬆鬆的成功，都是自我約束成就了美好。學生時期的她就很明確自己想要什麼，當別人沉迷於遊戲、熱中於熬夜時，她堅持健身、堅持閱讀、堅持護膚，把自律的生活過到了極致。

後來工作了幾年，她仍沒有丟下這樣的習慣，不管工作再忙也要堅持自己的興趣愛好、堅持晨跑、堅持健身、堅持每週看一場電影、堅持一個月看完一本書……就是這樣時時自律才最終成就了她美好的樣子。

有句話叫「自律即自由」，這句話說的是，當一個人足夠自律時，他就擁有對自己生活的主宰權，他所有生活的邊界都可以由自己決定，而無須仰仗他人的約束。從這點上看，朋友的自律給予了她很大程度上的自由，並且她的自律也得到了老天爺的褒獎，她維持住了美貌，也擁有了健康的體魄、完美的身材、廣闊的視野以及豐富的生活。

或許朋友圈、美肌相機會騙人，但是自律帶給你的改變不會騙人。而你曾放縱的一切到頭來都會狠狠地報復你。

如今，四十二歲的陳數依舊很美，她的美就像美酒，時間越久越是醇香。如果要問是什麼讓她與其他許多同齡女性有了天壤之別，是什麼讓她抵抗住了時光的威脅，美得恆久，那只有一個原因——足夠自律。從她的微博上我們可以看到，無論工作多忙，她都會預留出時間去做瑜伽；即使與朋友聚會，也從不放縱自己，一定準時回家，絕不熬夜；睡前不管多累，都一定會做好卸妝和護膚工作……年年月月日日重複。這些工作難嗎？並不難，難的是日復一日，年復一年的堅持。

後來有一次她在接受採訪時是這樣解釋自己的自律的：「所有選擇都源於自己，我可以喝酒，熬夜，做無謂社交，但這些跟我的工作並無直接關係，這對我來說無異於浪費生命。」

這段話很透澈，也很真實，它的背後是陳數多年來所堅持的嚴於律己。難怪她可以美得恆久，難怪她能和時間賽跑。自律給了她對抗時間的底氣，是她保持美麗的利器。後來這段話也不斷鼓舞著我，去過自律的生活。起初或許有些難熬，但是當看到皮膚越來越光亮，氣色越來越好，身體越來越健康，我就知道我對自律這件事情的付出已經開始回饋我了。

其實你可以去觀察，大部分能維持住容顏的人，很少有誰是真的喜歡放逐自我的，因為她們比任何人都更明白自律才能保持住最好的狀態。至於那少部分仗著自己天生麗質就毫不克制的人，多年之後，你等著看她。不要輕信什麼「只放鬆這一次」，對信念的妥協只有一次和一萬次。所有的懈怠都是一點點累積起來的，一口吃不成一個胖子，自律這件事也不是三天打魚，兩天晒網就能成功。

如果你天生漂亮，自律讓你不會再終日惶恐失去美好的容顏。如果你覺得自己沒有天生的漂亮，自律會讓你有自信，取得超越漂亮的恆久美麗。從現在開始自律，然後年復一年，日復一日去堅持。

總有一天，你會成為自己想要的模樣。

4. 知性到底美不美？

西蒙．波娃和沙特兩個人從讀大學的時候開始相愛，奇妙的愛情在他們之間持續了一生。

儘管沙特和波娃之間的關係也有頗多非議，不過他們兩個人都是公認很有魅力的人。從外貌上來說，沙特跛腳、斜眼，身高只有一百五十三公分，但這不妨礙他成為當時巴黎哲學系小圈子的社交中心人物。波娃容貌秀麗，個性鮮明，從小就很有主見。在獲得教師資格的答辯中，和她搭檔答辯的正是沙特。最後，沙特在這次考試中得分第一，波娃第則獲得二。

如果一個人有一定的閱讀量，並且喜歡思考，她的容貌上就會顯現出一種獨特的氣質，說具體些，思考的習慣會在她的臉上形成一種和諧的微表情，我們通常把這種表情稱為「知性」。波娃應該是知性美當之無愧的代表。她的美和魅力，都不弱於當代的任何一位女明星。

那麼，知性到底美不美？美是一種主觀感受，波娃的魅力究竟如何，她的仰慕者和追隨者們應該有更深的體會，不過，知性會給人的內心帶來享受和安寧，卻是非常實際的好處，看起來漂亮，不如活得漂亮。

在思想上，波娃能夠和沙特平等對話。批評是一件容易的事情，兩個人站在了平等的高度，卻仍舊能去欣賞這個人，這是很難的。波娃對沙特，一直保有這種平等的欣賞，而不是仰慕者的盲目崇拜。

批評看似是一種針鋒相對，實際上是最不需要針鋒相對的。如果我們刻意地批評一個人，就可以全盤否定他的觀點，把有價值的貶低為沒有價值的，把有天分的說成是匠氣的，把辛苦琢磨得來的成果，說成是全憑運氣。想批評一個人，我們不需要學習，不需要真的了解，只需要一些語言上的聰明。

但欣賞就不同了。欣賞一個人，需要一定的能力和刻苦學習才能完成。欣賞，不是那種虛假的客套和恭維。像是「您懂的真多」，這不是欣賞，要欣賞一個人，就要懂得他在做什麼，對自己的要求是什麼，並且還能明白他實現自己目標的方法是不是高明。要欣賞一個人，還要懂得這個人和他的同類之間的細微差別在哪裡。波娃和梅洛龐蒂、李維史陀這些影響整個二十世紀思想的哲學家也都很早就相識，但她還是愛沙特，這些真摯的交往背後當然是思想上的共鳴在起作用。

換句話說，知性不僅僅是臉上的表情，它還能讓你掂量清楚，一個人到底有多高的價值，既不過分高估，也不過分貶低，讓你成為一個淡定的鑒定者，而不是把別人的才華當作一種神祕的魔術來崇拜。

精準評估他人的能力，直接關乎一個人的氣場。知性的人，會有更穩定、更強大的氣場。

我有個朋友，上網多年，基本沒遇到過騙子。原因是，這個朋友是個編輯，幾乎時時刻刻都在用文字及其傳達出來的思想評斷他人，權衡一個人在她心裡的分量。對她而言，看一個人，不需要太多證明，只要看他透過文字傳達出來的東西到底有沒有價值。她看文字，不只是停留於語言表面的精美，而是看一個人有沒有見識，價值觀如何，能不能在他自己的領域有一定的見解和能力。透過這樣的篩選，她認識的朋友基本都是三觀正，還有一定的能力或者有一技之長的，自然生活順遂，歲月靜好。

我們不從外表上來講知性美，因為它不是像煙燻妝這樣的某種化妝風格，不是什麼明星透過造型就能選擇的包裝路線。知性美原本就是表裡如一，很難靠外在的修飾去達到的。這或許也是知性美的好處之一吧！

5. 最大的幸運，是按自己的節奏成長

成長，是一件按部就班的事情。千萬別想著跳步驟，跳過去的步驟，到最後都需要你加倍補回來。

中國衡水高中自從出名之後，每年都有很多外地的學校前去學習觀摩，也有一些各地的家長想要取經。有些人看到了衡水高中一週一次高頻率的實力測驗考試，就照搬這套方法。然而使用了這套方法之後，他們發現，學生的成績不但沒有提高，學習的積極性反而降低了。

那麼為什麼衡水高中用這一套方法，教出來的學生卻那麼優秀呢？

大家看到的「衡水高中的學生很忙」只是表象，而衡水中學的老師實際上比學生更忙。他們在每次考試之後都會根據答錯的題目，分析學

生目前的狀態，進一步制定接下來的教學計畫。

學習借鑒不能是表面、單一的，優勢可能是以系統化的方式出現的。成長，是一個漸漸獲得優勢的過程，透過學習，慢慢地獲得優勢，最後讓自己的能力形成一個系統。

而憑藉顏值獲得的機會，就好像是忽然獲得了一張只能購買指定物品的優惠券，你忍不住把它放在那裡不用，卻因為要使用它而搭上自己更多的本錢。

現在很多曇花一現的網紅就是這樣。例如，憑藉《我的滑板鞋》走紅的歌手龐麥郎。在因為很有特色的相貌和嗓音獲得名聲之後，他很快就陷入了迷茫。根據公開發表的報導，龐麥郎和華數簽約之後很快毀約，搞起了失蹤。

在出名之前，龐麥郎沒有接觸過流行音樂行業，一首單曲固然給他帶來了很多機會，但完全沒有準備的他，最後沒有能夠適應這個行業，消費自己創造的流量。

相反的例子，就是那些獲得機會、把握住機會，一步步成長並走向成功的人。可能現在的很多年輕人，都不知道中央電視臺的一位主持人楊瀾。中國很多觀眾都很熟悉她，是因為她主持過一個很著名的節目——《正大綜藝》，這個節目是中國最早的綜藝節目。

但楊瀾也不是一下子就走紅的。她畢業於北京外國語大學，原本打算出國從事金融業。

面試時有面試官問了她一個尖銳的問題：「你覺得自己漂亮嗎？」楊瀾回答：「我不算漂亮，但也不醜，我覺得自己滿有氣質的。為什麼女孩子一定要漂亮？做主持人更重要的是要有自己的見解，不是嗎？」

一開始她做的是音樂節目，節目不紅，她也不紅，但她認真工作，在做節目的過程中累積了一定的經驗，後來才在內部選拔中進入了《正大綜藝》。在這個節目紅了之後，她仍舊持續學習和電視行業有關的知識，不僅去美國留學，學習了傳媒理論，而且還策畫、製作了屬於自己的節目《楊瀾線上》，採訪了美國前國務卿季辛吉。

沒有什麼成功是一蹴而就的，自然而然得來的機會，有可能只是打亂你人生計畫的誘惑。在美國留學期間，楊瀾的才能也得到了美國同行的認可，有多家電視臺邀請她做記者，但是楊瀾都拒絕了。

因為她非常明白自己的人生規畫，她的目標就是要把最好的內容，奉獻給中國的觀眾。後來，楊瀾果然成了知名的製作人，站在電視節目這個生態系統的頂端，而不僅僅是電視節目裡一個臺前的代言人。

人生中最重要的機會只有幾次。憑藉外貌，人們的確能為自己爭取難得的機會，但機會背後的一連串更多機會，還是要靠實力才能把握。

只有那些把自身外表有規畫地發展成事業的人，才的確有可能憑藉外貌取得成功。不過，即使對於他們來說，外貌仍舊只是一個工具。港星李嘉欣在接受訪問時坦言：「長得比較好看的人較易讓人接受，但不代表可得到一切想要的。」她還認為，要靠智慧及努力，才能成功，過分注重外貌，會容易錯過學習機會。實際上，李嘉欣的發展也的確不錯，不僅演出了很多家喻戶曉的好劇，還曾經擔任東京電影節的評委。

無論憑藉自身優勢獲得什麼樣的機會，最後還是要憑藉有系統的規畫和學習，才能真正享用到這個機會帶來的好處。

6. 魅力源於美但高於美

外貌主要在陌生人社會中有作用，而在熟人社會裡，外貌的作用就不是那麼大。那麼，熟人社會中的美，除了大家已經熟悉得不能再熟悉的內在美之外，還有什麼是美的呢？

這裡，我想起民國大家李叔同和夏丐尊之間的一段往事。李叔同大家應該很熟悉，我們從小聽到大的《送別》，歌詞就出自他手，「長亭外，古道邊，芳草碧連天……」這琅琅上口的歌詞不知影響了多少人。

李叔同中年出家，法號「弘一法師」。而夏丐尊一生致力於語文教育，也是中國教育史上的一位大師。兩個人年輕的時候曾當過同事，都在浙江兩級師範學堂任教。那個時代的師範學堂彙集了最優秀的師資，不管社會怎麼動盪，都承載著讓中華文脈薪火相傳的希望。

令人痛心的是，師範學堂裡竟然發生了一起偷竊案。

讓夏丏尊非常頭疼的是，不知道是誰幹的。於是他就問李叔同這件事該怎麼辦。

李叔同說：「這事好辦。你現在就寫一張告示貼出去，告訴那個賊，如果某時某刻之前，你不來自首，我夏丏尊就自殺，為這件事承擔責任。」

這則建議，可不是什麼以假亂真的策略。李叔同說：「你如果這樣做了，一定可以感動人心。不過，到了那個時候，如果沒人來自首，你就得真的自殺，否則這個辦法就會失靈。」

要是這個辦法由別人提出來，我們可能會懷疑，這人是不是有毛病，要不就是別有用心。這夏丏尊搞不好真自殺了，按現在的說法，李叔同就是個教唆犯。可是在當時，大家一聽，就知道李叔同是誠心誠意這麼建議的。

為什麼呢？因為李叔同就是個做什麼像什麼的人。他還是富豪子弟時，就能不顧世俗的反對娶日本妻子；當和尚時，就認真參禪悟道；就連在戲臺上面扮茶花女，也是一樣一絲不苟，有著一種狂熱的女人味，正符合他飾演的茶花女性格。如果是讓他感化罪犯，他就會以性命當作賭注。

現在，當我們談起民國時期的文人風流，仍被李叔同的詞和他的為人深深打動。這是因為人性的美是在不斷累積中顯現力量的。這種關於人性的美，在現代社會中也不斷地發揮著自己的力量。

想想看，演藝經紀公司其實很懂人性——儘管明星們顏值真的迷人，但還是要為他們打造各自不同的人設。

所謂人設，就是在顏值之外，打造一個連續的人格，用人格的力量來打動觀眾。當這個人設符合事實，並且始終如一的時候，觀眾就會為明星本身的性格所折服，體會到一種超越顏值的美。

比如，劉德華的人設就是敬業。當然，做為香港四大天王之一，劉德華曾經是以顏值和演技取勝的。但隨著歲月的流逝，大家其實已經習慣了他的長相，對於他的演技也不再驚訝，但劉德華的敬業精神卻深深烙印在了觀眾心中，成了他的一張招牌。

反之，如果一個明星的人設不符合事實，或者是沒辦法一直保持，就會出現人設崩塌的現象。一旦人設崩塌，不管顏值多高的明星，都會被群眾嘲笑，甚至成為一個笑話。

對普通人而言，我們無須像明星那樣刻意打造自己的人設。但是，不知道你是否也曾經被這樣的瞬間打動過呢？

一位快遞員，儘管連人帶車摔倒在雨中，仍然掙扎著爬起來繼續送餐。他說訂單快要超時了，有人還在等著他。他到了，別人才能吃飯。

一位醫生，自己的父親就在樓下做手術，但他卻說不能下去看看，因為他耽誤的幾秒鐘，就可能是別人的一條命。別人不能代替他嗎？不能，因為每個醫生都很忙。

鄰居家的小孩子，你可能知道他成績很差，應該考不上什麼好學校了，但他每次看到有老人上樓，都願意幫他們拿東西，還總是把社區門口掃得乾乾淨淨的。

這些都是現實生活中我們有可能接觸到的普通人，但普通人長期認真地做某件事，就有一種人格化的美——這就是一個普通人的人設。

外貌的美雖然能被每個人看到，但無法長存；心靈的美，除非用行動表現，否則誰也不知道。

真正的美不是外貌，也不是心靈，而是一種打動人心的人格力量。

7. 別讓美成為一種暴力

曾經在網上看到一篇文章，作者總結了所有留存下來的清朝後宮妃子的照片。

點進去一看，討論區什麼說法都有，有人說：「怪不得乾隆要七下江南，這宮裡待不住啊！」還有的說：「怪不得稍微漂亮點的妃子就能獲得獨寵，原來後宮的妃子就這個水準……」

大家對清宮後妃的相貌是極盡嘲諷之能事，好像清朝皇帝是天底下最沒眼光的男人。

這後宮裡的妃子到底是有什麼問題，怎麼就這麼「難看」呢？

其實，不是後宮裡的妃子難看，而是拍照已經變成了現代人生活的一部分，導致大家評價照片的標準也普遍升高了而已。

從被拍者的角度來說，拍照可以找一個好看的角度，自己的側臉從哪個方向看最美，怎麼拍才能顯得腿長……如果男生替女生拍照的時候找不到這個好看的角度，還會被女生責怪。

但從古代人的角度想想，那個時候別說用美肌相機了，就連曝光時間都要拉得很長，往往是被拍者從滿臉笑容一直等到笑容僵硬，一張照片才能拍好。

另外，更重要的一點是，現代人對美的門檻實際上大大提高了。門檻，是指達到一個效應的最低限度。說白了，就是現代人對美的底線提高了，古人覺得美的，現代人說不定就覺得美不到哪裡去。

比如，作家馬伯庸在《長安十二時辰》這本書裡寫到長安城放煙火。古代放一次煙火肯定是萬人空巷，每個人都想出門去看看。而現在別說是放煙火，就算是有設計過的煙火秀，也不見得所有人都願意出門看。

現在的美，已經大大工業化和平民化了。每個人都能拿起美肌相機，塑造出不等於自己的自己。我們在社群網站上滑到的，往往是一個人最美好的一面，華服、美景、雪膚、花貌、大長腿……什麼痘痘、雀斑、膚色暗沉，這些問題漸漸成為舊相片時代淡去的傳說。

甚至，你一天內在社群網站裡滑到的「美人」，可能都比清朝皇帝見過的還多。

每個人都在消費美；每個人也都在透支著不屬於自己的美。靠美肌相機發布在社群網站上的那些美照，讓人們充分享受到了可以量產的美。結果當然也是由整個社會來承擔。顏值上升了，每個人都在無形中變醜了一些。即使好看如當紅明星，也會被媒體追著要素顏照、卸妝照，時時刻刻面臨美貌不達標的風險。

這種美，外在是暴力，內在是恐懼。

這是一場每個人都被捲入其中的賽跑，沒有贏家，但誰都不想輸——

好看永無止境，每一刻都還能更好看；做不到無懈可擊，至少也要減少破綻……

外貌在什麼情況下最有用呢？可能你從未想過——外貌在陌生人社會中最有用。因為有可能一個人只和你見過一兩次，就從你的生活中消失了。如此，這個人給你留下最直觀的印象就是他的相貌。

但在熟人社會中，外貌就沒有那麼大的用處了。因為天天見面，再難看的臉也會看習慣，再好看的臉也會看煩。最後決定人和人交往品質的，就是一個人思想的包容性和深度，以及待人接物時給他人的帶來的感受。

有一些內向的人，原本就生活在一個熟人社會中。他們不會從別人的認可那裡獲得多少快樂，或者說只願意和數量有限的幾個人來往，他們從顏值中獲得的好處，其實低於那些生活在陌生人社會中的人。

我們追求美，是因為美取悅我們自己，而不是為了某種外在的標準。

不過，由於現代人對美的苛求，很多時候，美已經變成某種加諸每個人身上的暴力。

那麼，究竟我們是否要參加這場美的競賽，又要在多少程度上捲入其中呢？對這個問題，不同的人會有不同的答案。於我而言，不是每場比賽都要參加，也不是必須次次都贏。生活是自己的，盡情發揮，盡情嘗試就好。

重要的不是一個完美的結果，而是每一次的付出都不被辜負。

生命的重心
在它褪盡鉛華之後

CHAPTER
07

那時候，你還很年輕，

人人都說你美。

現在，我是特意來告訴你，

對我來說，

我覺得現在的你比年輕的時候更美。

與你那時的面貌相比，

我更愛你現在備受摧殘的面容。

——瑪格麗特．莒哈斯《情人》

1. 所謂撒嬌，不過是內心的小女生現出了原形

撒嬌真是個讓人又愛又恨的詞。有時候撒嬌是潤滑劑，可以把生活中那種小小的摩擦消解於無形；有時候撒嬌是催化劑，能讓任何一個請求都帶著情趣。但也有的時候，撒嬌會被等同於矯揉造作。那麼，什麼樣的撒嬌方式，才能讓你收到預想中的回應呢？

網路上面有個問題，提法和回答都很有意思。這個問題是：「女生的可愛和做作，區別是什麼？」

最有意思的一個回答是：「一起去看煙火，落下的灰塵跑進了眼睛，可愛的女生自己揉一揉也要看，做作的就要男朋友幫她吹眼睛。」

這個說法其實有一定的道理。因為在看煙火這個場景中，煙火是出

發的目的和動機。看煙火的女孩子癡迷於那一瞬間的綻放和美麗，就算是灰塵跑進了眼睛也要看。但做作的人可能關注的只有她自己，她已經脫離了看煙火的這個場景，試圖把在場者的注意力都轉移到自己身上，這幾乎是一種對自我的物化，因此就難免讓人覺得矯揉做作了。

但是，如果再給這對戀人加個人設，就會覺得情況又不一樣了。假設，女孩子和男孩子之間有點朦朦朧朧的好感，但女孩子平時比較強勢，男孩子則比較害羞內向。女孩子希望男孩子大膽一點，正好這時候灰塵又跑進了眼睛。在這種感情階段和人設下，女孩子請男孩子幫自己吹一下眼睛，似乎又合情合理，不顯得那麼做作了。

原因是什麼呢？是因為我們改寫了單純的「看煙火」這個場景，把整個場景轉移到了戀情的萌動發展階段這個場景中。

是的，所有的美和可愛，都離不開當下的情境。

美不是資產，更不是一張裝在自己口袋裡的支票，可以隨時拿出來兌現。

其實，沒有誰是天生會撒嬌的，只不過是在此情此景中，月亮是這樣的形狀，微風又從那樣一個角度吹來，突然間有了心動的感覺，內心的那個小女生突然間跑了出來。

無論男生還是女生，平時用以示人的，都是自己最得體的一面，很少有機會回歸自我的感受和需要。雖然說不上戴著面具生活，但總是會有一點點不自在。懂事的你，偶爾也會有感到辛苦的時候。

而一旦情境對了，一切都恰到好處，人就會顯示出自己最真實、最自然的一面，甚至回到那個童年時代的自己。這些都是伴隨著情境必然出現的。

所以說，女人的撒嬌，往往會在浪漫的情境中發生。當環境足夠安全和舒適，甚至一切都看起來好像故事裡一樣浪漫，女人自然而然就會放鬆下來，才能找到那種依賴的感覺。

有朋友養了一隻小貓，當牠需要什麼東西，或者想吃罐頭的時候，就會用兩隻前爪，輕輕地在朋友的腿上來回推動。有人說，那是小貓最有安全感時的動作，在任何一隻小貓還是一隻小奶貓的時候，就是用這種動作向媽媽索取食物與愛的。當小貓對主人做出這種動作，是因為牠在主人身邊找到了歸屬感和安全感，開始撒嬌了。

每個人都想做一個獨立的女子，不依附、不將就。但女人既保留著自立的權利，也保留著撒嬌的權利。

用不著因為撒嬌感到不好意思，因為撒嬌原本就是回歸最本質、最天然的你。

2. 讓人戒不掉的那些情，都與顏值無關

日本有一個很有趣的節目叫《爆笑監視中》。這個節目會把一些普通人放在日常不會經歷的情景中，看他們會做出怎樣的反應。

其中有一集找了一對普通夫婦當嘉賓，現場的催眠大師對男嘉賓進行了一些催眠術的常規操作之後，告訴他：「你已經被我催眠了，現在你看你的老婆，會覺得她和當紅女明星石原聰美長得一樣。」

其實，剛剛男嘉賓閉上眼睛接受催眠的時候，他真正的老婆已經被調包了，換成了真正的石原聰美。

男嘉賓睜開眼睛，定睛一看身邊的「老婆」，果然和石原聰美長得一模一樣啊！吃驚之餘，他問了這個所謂的「老婆」幾個問題。一個是

「我的生日是幾號？」還有一個是「我們家的車是什麼牌子？」

石原聰美事先佩戴了隱形耳機，這些問題的答案都由在後臺真正的妻子現場遞小抄，傳到了她的耳朵裡，所以回答起來並不困難。後來，主持人問：「是要保持這種催眠狀態呢？還是要把你原來老婆的樣子換回來？」男子緩緩回答：「還是換回來吧！」

能娶一個像石原聰美一樣貌美如花的老婆，是很多男人的夢想。不過，相信「把現在的妻子換成石原聰美」這個問題擺在人們面前，還是會有不少人堅定地選擇自己原本的另一半。

其中原因，從這位男嘉賓問的問題中可以看出來。簡簡單單的兩個問題背後卻是很有深意的，雖然他本人未必能察覺到這種深意。這兩個問題，幾乎可以看作人們締結的親密關係的本質之問。

第一個問題「我的生日是幾號？」背後的意思是：「你了解我嗎？」第二個問題是「我們家的車是什麼牌子？」背後的意思是：「你曾經和

我一起為美好的生活奮鬥過嗎？」

要知道，雖然日本車價格不高，由於各種條件的限制，在日本買車也不是一件容易的事。丈夫之所以問這個問題，是因為他有把握對方一定知道這部車是什麼牌子。很可能，兩個人在添置這部車的時候就一起商量過、權衡過，發現想要速度快、性能好，就不得不捨棄舒適度，兩者不能兼得，最後才選定了現在的牌子。就是因為有這樣比較、權衡的過程，有可能做妻子的一開始對車什麼都不懂，但到最後卻能記住車的牌子。

兩句簡簡單單的臺詞，含在嘴裡，卻好像千斤重的一個橄欖——平淡日子裡的酸甜苦辣，一下子就湧上心頭。

石原聰美是有「國民老婆」美譽的日本女星，也沒有人會質疑她的顏值，但這位丈夫還是堅持要把自己的妻子「換回來」。從這位丈夫問的幾個問題中，你可以想像到，一對夫妻真正相處時，大家所看重的究竟是什麼。

是「你懂不懂我？我們有沒有一起奮鬥過？」

這種共同奮鬥，不僅會醞釀出深厚的感情，還會讓夫妻兩個人相互塑造、相互影響，到最後，兩個人的記憶裡藏著的不只有關於雙方的美好回憶，還有你我共同塑造的我的人格。

不管多麼固執、多麼自我的人，最後都會被這種感情所改變，最後產生超越顏值的心理積澱。《別鬧了，費曼先生》是物理學家費曼的自傳。這本書寫得很輕鬆有趣，但是看到一個細節的時候卻我流淚了。在費曼深愛的妻子去世之後，他路過一扇櫥窗，看到一件漂亮的長裙。當時，費曼心裡想：「裙子不錯，可以買給我妻子。」動了這個念頭之後，他才想到，妻子已經不在了。

費曼原來是個什麼樣的人呢？在他還是個十幾歲的小孩的時候，大家就發現他是個天才——他不喜歡和別人一起玩，他喜歡自己思考問題，喜歡一個人待著。他也有非常多的興趣愛好，能把自己的時間安排得滿滿當當。

他的世界裡，實際上沒有別人，也不需要有別人。但是，在他和妻子在一起生活多年之後，他的想法變了，他的整個人都變了——即使只有他一個人的時候，他也會考慮到生活中的另外一個人。

世界上當然沒有絕對的利他，那種捨己為人的愛情可能只在小說裡存在。但是，實際的愛情卻不全是捨己為人，而是讓一個人融入另一個人——你中有我，我中有你。

你能戒掉情緒，但你能戒掉自己嗎？

真正讓人戒不掉的，就是這種在歲月中累積的感情，它和顏值無關，但卻能讓一個人找到最舒服的狀態。

所以，世上最牢固的感情不是「我愛你」，而是「我習慣了有你」。彼此依賴，才是最深的相愛。

3. 做你喜歡的事，順便把年紀變成氣質和才情

似乎絕大多數人看到影劇裡帥氣的男明星、漂亮女明星，都難免暗生愛慕之心。可是，大多數的當代年輕人似乎都沒有那麼長情，每出一部劇，就多一個「老公」或「老婆」，過後即忘。而電影、電視裡的明星也是一個又一個，美則美矣，可是卻越來越難給人留下深刻印象，彷若過眼雲煙。而影劇的情節也千篇一律得可怕，不是俊男配美女，就是美女救英雄。才子佳人的故事誰去飾演都可以，那份悸動，不再是單純的捨我其誰。

經典彷彿越來難出現，翻拍倒是層出不窮，卻不再有從前的匠心。浮躁的社會氣氛下，很難再出現一部《紅樓夢》式的經典影視作品，會

為了讓演員更貼近貼合角色，讓主角們練習毛筆字，學古詩詞，練基本功……再沒有驚才絕豔的林黛玉，八面玲瓏的薛寶釵，潑辣爽朗的王熙鳳，她們一度彷彿真的從書中活了過來，走到我們面前。而如今，更多這樣的角色只能存在於我們的記憶裡。

其實，那些年讓我們魂牽夢縈的「紅樓十二釵」真的比現在的演員更漂亮嗎？為什麼我們從電視裡看到她們時，會有一種恍如見書中人的感覺呢？

我們在紅樓夢中看到的那些「美」，本質上來源於一種「真」。這種「真」並非由演員的皮相之美帶來，而是靠一種更深層次的累積塑造而成。這種深層次的體驗，來自我們對生活的閱歷和感悟。

有一種路徑可以在最短的時間內賦予我們這樣的積澱——那就是讀書。單說林黛玉的扮演者陳曉旭，再沒有人能像她那樣，如此用心研讀《紅樓夢》，甚至把自己的人生都融進了書中。

三毛說：「讀書多了，容顏自然改變，許多時候，自己可能以為許多看過的書籍都成過眼雲煙，不復記憶，其實它們仍是潛在氣質裡、在談吐上、在胸襟的無涯，當然也可能顯露在生活和文字中。」

是的，女人的氣質，是需要沉澱人生閱歷和知識的。

讀書，是我們能改變自己的另一種最寶貴的修行，哪怕現在醫學發達，我也不反對用科學手段讓自己變得更美，可是周身的氣質，卻需要透過日積月累地讀書，一天一點地浸染，靈魂的雕琢是沒有一點捷徑可走的。讀書帶給我們的又豈止是氣質的改變，它給我們帶來的是整個人的昇華，說是脫胎換骨也不過分。

我有一位朋友，上大學時瘋狂迷戀一位暢銷書作者，她買了這位作家的每一本書，去了他的每一場簽書會，卻因為自己相貌一般，有些自卑，連合影的要求都不敢開口提。

可是，另一方因為特別喜歡這位作家的文筆，為了在某種意義上跟對方更加靠近一些，她拚命讀書，堅持寫作，投稿參賽，筆耕不輟。因為閱讀的涉獵範圍廣，和各類作家都能就他們的專業聊幾句，更因為長時間的積累很沉澱，還能就一個問題提出許多不一樣的觀點，最後，她成了一個專門打造暢銷書的編輯企畫。

顯而易見地，她現在成了更好的自己，人們看見她，願意結識她，不會因為她的長相，而是因為她的內涵。

再美好華麗的皮囊，也總有看厭的一天，這世界永遠不缺帥哥靚女。再美的容貌也總有衰敗的一天，但閱讀卻能讓一個人的思想時時更新，給靈魂注入活力，讓關係保持新鮮。

而讀書，就是修煉靈魂的最佳途徑。用臺灣著名作家林清玄的一段話來說——「更深一層的化妝是改變氣質，多讀書、多欣賞藝術作品、多思考，對生活樂觀，對生命有信心，關懷別人，自愛而又有尊嚴。」當你真正走入人生，面對世界的時候，沉積閱歷，才是你最好的妝容。

4. 微胖的人，才是這個時代的寵兒

人們總覺得自己胖——除了幻醜症之外，這也是許多人的困擾。

人們開始關注自己的體型其實是一件好事，畢竟，真正的肥胖某種程度上意味著不健康的生活方式。然而，如果越來越多的人——無論體型如何，都生活在一種「最好明天還能更瘦」的期待中，那就出了問題。

反過來想想，在一定的範圍內，瘦的確是健康的表現；但是，當我們把瘦當作能掌控自己的生活、健康，甚至富有的象徵，這實際上就賦予了瘦很多它原本沒有的意義。

給一個東西賦予過多意義的做法，本身就是危險的。

社會學領域有個詞叫「除魅」，就是要把不屬於一個東西本身的意

義去掉。比如，我穿森林系的服裝，也不一定是人畜無害的草食系女子。

但是，在某些情況下，我們還是覺得做一件事要有一定的意義感——沒錯，如果你知道做一件事非常有意義，那麼做事的時候就會更有動力。

好的意義和壞的意義究竟有什麼區別呢？

區別就在於，這個意義是誰的意義？什麼情境下的意義？

例如，瘦一開始是健康的象徵，是富有的象徵，這是因為很多西方人在有了錢之後，就開始花錢「買時間」——得到了財務自由後去健身，或者去海灘度假、晒太陽。這種對瘦身的追求，其背後是有一整套「精緻的」生活方式的。

但有些人追求瘦的方式就是節食。把瘦背後的一套生活方式改變了，瘦也就不再意味著健康了。

稍微關注一下媒體，會發現有些女星，為了鏡頭前的光鮮亮麗，不惜用催吐、吸菸等損傷身體的方式，來追求所謂的「好身材」。由於鏡頭的屈光度，本來很瘦的人，上鏡之後看起來也會有點胖，和真正的視覺效果有一定差距。所以，在鏡頭前看起來不胖不瘦的人，實際上一定是偏瘦的。

但是，這種鏡頭下的美，已經完全脫離真實的生活情境了。所以，一味追求上鏡，只能得到毫無意義的「意義」，也就是鏡頭語言傳達出來的意義。但我們追求的，卻是現實生活中給人的感受，比如，健康帶來的紅潤的臉色和光滑的皮膚。

不僅女星如此，即便是很多普通女生也對「胖」這件事情深惡痛絕，以避免遇到喜歡的衣服卻穿不上的尷尬。

例如，森林系服飾，要身材十分纖細的姑娘穿著才好看；短皮衣要又瘦又高的女生才能穿；想穿中筒靴，你就必須有一雙鉛筆腿。為了把自己的身軀塞進好看的衣服，女生們不得不努力努力再努力，在美食面前忍住蠢蠢欲動的心情。

但我想告訴你，沒關係，那些微胖的人，也有可能分到這個時代的寵愛。

二〇一七年，日本NHK電視臺進行了一次調查，結果顯示，喜歡微胖女孩的人的比例已經由二〇一五年的四〇%上升到了二〇一六年的七十三%。

微胖，不僅是男性眼中的偏愛，它還意味著在生活情境中，有這種身材的人很可能是個開朗隨和的人。一篇題為《不同BMI水準的大學女生個性心理特徵研究》的論文顯示，微胖的女生更好相處。對此，有網友調侃說，減肥是要對自己狠得下心，對自己都狠得下心來的人，對別人又能好得到哪裡去？

所以，女孩子真的用不著盲目跟風，把自己弄得太瘦。有時候，你瘦不下來，就是因為你潛意識裡也明白，你沒必要那麼瘦。

我的一位朋友——國家認證的職業生涯規畫師，曾經在自己的書裡講過一個很有意思的案例。

少毅老師在做職業諮詢的時候，有個企業女主管向他抱怨，說自己減肥怎麼都減不下來。因為這個學員長期做諮詢，少毅對她也比較了解，就說：「你不是自制力很強嗎？」女主管說：「這方面就是沒什麼自制力啊，到了下午就想來一套下午茶，怎麼瘦得下去呢？」

那麼，為什麼一個平時自我管理能力很強的人，面對體型就沒了自控力呢？少毅老師說，其實就是因為這個人很注重職業生涯的發展，而體型的胖瘦，在她重視的領域裡得不到回饋。無論胖瘦都一樣，她就失去了減肥的動力。如果她成了抖音主播，她一定很快就會瘦下來，因為她的胖瘦和顏值，每天都能得到回饋。

其實，少毅老師的說法，也符合我們的這套邏輯。如果這位女主管成了抖音主播，那麼她的體型就在直播這個情境中有了意義，甚至會對她的職業發展產生很深的影響，她減肥的時候就會動力滿滿；而如果她不做需要上鏡頭的工作，脫離了需要減肥的情境，把瘦僅僅當作自我要求的外在約束，她當然就瘦不下來了。

換句話說，實際上，這位女主管當然瘦不下來，因為她所謂的瘦，對她而言不是那麼必須。我們也一樣，其實很多人都沒有那麼強烈的理由必須要做一件事情。

所以，建議大部分人在減肥之前，可以先想想，自己追求的這種瘦，是不是真的有意義。或許，隨心所欲而又不過分踰矩的你，反而能活出自己健康、自然又可愛的樣子。

5. 看著順眼，其實是最高的境界

現在，很多人找另一半時就一個標準：有感覺。

再追問一句，外貌呢？很多人會說，順眼就行。

這可就苦了介紹對象的媒人。這兩個條件，不是等於什麼都沒說嗎？別人怎麼知道你看誰順眼？萬一你看誰都不順眼呢？

在本文中，我們解釋一下，什麼叫「順眼就行」。這說明，審美判斷是一種綜合判斷。

就是說，你要是覺得一個人好看，那絕不僅僅是好看這麼簡單。顏值，只是浮現在你眼中的冰山一角。

一本專門講氣質的暢銷書的作者曾提出一個非常有意思的詞叫「拆

商」，意思是不管看起來多大、多複雜的目標，只要你把它拆解下去，一定可以變成非常微觀的一個個小目標。比如，那個天天想著要移民火星的「矽谷鋼鐵人」伊隆．馬斯克，就是用這種方法把移民火星這樣聽起來一點可能性都沒有的大問題，拆解成燃料運送、控制火箭成本等可以解決的具體問題。

同樣的道理，所謂「順眼」的背後，如果用拆商把它拆解下去，其實就是一個個有意味的細節。一個人看起來順眼，那就意味著這個人日常舉止合適；待人接物合適；走路的姿態合適；想事情的樣子合適；說話的語氣語調也合適……一個人行走坐臥的方式，表現出了他對自己身體的理解和定義。人所占據的，不只是和自己體積相等的一團空氣。一個人坐在椅子上的姿態，把雙臂放在桌子上的力度，以及他所認為自己的四肢能夠伸展到什麼位置，都是他定義自己身體的一種方式。

大仲馬在《三劍客》裡寫到認為自己是真正貴族的阿多斯就說，他憑藉自己腿往前伸的姿勢，就勝過了打腫臉充胖子的波爾多斯。

在兩個人的互動中，這種身體的感覺就更明顯了。

一個人的身體，其實無時無刻不在說話。而這些身體語言到底表達了什麼，決定了你們之間的距離。你看到一個人，其實不僅僅是看到他的臉；你同時還感覺到這個人，很多理解都是在這種感覺中發生的。

例如，你坐在教室裡，和很多人一起在看紀錄片。你身邊坐著的這個人，他在看到什麼地方的時候屏住了呼吸，哪個鏡頭讓他身體絲紋不動，集中了自己的全部注意力，你是能感受到的——這就是你對他的整體感覺的一部分——正是這些細節決定了你覺得這個人是不是「順眼」。

當你表述一個問題，別人聆聽的時候，如果他真的聽懂了你最在意的那個點，那麼他會在恰當的地方露出會意的、注意力突然集中的神色。這種眼神的傳遞，甚至連微表情都算不上，因為它不牽動臉上的肌肉，但你就是會明白這個人是否精準理解了你的意思。

這還僅僅是一個人的身體上的微小動作，如果再考慮到那些更大的動作，就更明顯了。

例如，上網聊天的時候，如果對方發過來兩個字——「呵呵」，頓時會讓很多人非常不爽。因為「呵呵」兩個字開口的幅度很小，能讓人感覺到這兩個字似乎是勉強說出來的，即使是微笑，也只不過是一種帶著高冷的敷衍。而一連串的「哈哈哈」，因為開口的幅度很大，就會讓人感覺更加真誠，也更有共鳴感。

如果我們再考慮到穿衣風格，訊息量就更大了。

我們常常說，審美是一種意識形態。穿衣風格和錢沒有必然的關係，卻和一個人對自己的社會定位的理解很有關係。關於這個話題，足足可以寫成一本書。簡要地說，即有些人的穿著打扮是為了吸引異性，有的是為了體現社會責任和權威感，有的是為了彰顯自己的某種個性特徵，還有的僅僅是為了舒適。在不同的場合，一個人也許會產生不同風格的變換，但他總會有自己的基調。

所以說，「順眼」也是有跡可循的，背後暗含的是一套標準。你看到一個人的樣子時，就判斷出了此人是否順眼，其實是綜合了許多方面的考慮。這種考慮是一個人意識不到的，也許是模糊地隱藏於潛意識之中，但它會在第一時間表現為一種感覺，讓你很快就能預感到自己和對方能不能合得來。

順眼，其實也就意味著細節背後你們的很多想法是一致的。「看著順眼」，就是綜合了顏值和三觀的直覺判斷。就好像當你隔著櫥窗看到一種食物放在那裡的時候，憑藉視覺就可以部分判斷出它的濕度、溫度、鬆軟度……進而揣測出它的味道是不是合你心意。

對於人來說，所謂「看著順眼」，只不過是「這個人在氣度、理解力、穿衣風格等各方面都讓我滿意」的另一種表達。所以，別小看美的能力，對整個世界進行判斷的根基。

6. 美，就是自帶儀式感

前不久，娜娜要去一個很莊重很嚴肅的場合參加聚會，去之前她來問我：「要穿什麼樣的衣服？」

我告訴她：「如果你是第一次去這種大咖雲集的場合，穿一套小黑裙即可。你不可以穿得比最重要的客人更搶眼，這樣會有些失禮。另外，由於你和參加聚會的其他人都不熟，穿著的尺度不好拿捏，過於正式、太過華麗可能都不是最好的選擇，簡潔得體的風格比較安全。」

果然，娜娜在這次聚會上很受歡迎，和幾個很重要的人交換了聯絡方式，後來有一個人還成了我們的業務夥伴。

穿著，最重要的就是要分場合，它才是美不美的第一標準。

有一件殘酷的遺棄同伴事件，曾經震驚了美國的整個華人圈。幾個大學生──有男有女，相約一起去郊遊。有一位女生在山上扭傷了腳踝，結果，這個小隊沒有陪她在原地等待，也沒有攙扶她下山，而是把她一個人留在山上，揚長而去。

這件事引起了公憤，很多人義憤填膺地批判這個小隊長，怎麼可以做出這樣殘忍的事。不過，當人們發現這個扭傷腳的女孩穿了什麼鞋子上山之後，輿論來了個大翻轉。

原來，這個「被遺棄」的女生不聽勸阻，執意要穿高跟鞋上山。而且，上山後她不注意保留體力，不聽指揮，更不跟隨隊伍的前進節奏，只顧著拿著手機到處自拍，弄得隊伍中的其他人很不愉快。她扭到腳的地點距離最近的車站只有五公里，隊長進城之後就聯繫了專業的救援人員，她的處境並不危險。

所以，美到底是什麼？美不是大長腿，也不是晒到社群網站的美顏，而是在不同的場合，穿得體的衣服，恰當地行事。懂得在恰當的時間做恰當的事，才是漂亮的第一步。

脫穎而出的第一步並不是特立獨行，而是融入環境，成為集體中的一分子，再去考慮其他。雜亂無章是不會帶來美的，因為美的第一要素就是和諧。真正的美人不一定會給別人帶來壓力，但她一定有自己的氣場。

氣場這個詞說起來很虛，但我可以用儀式感來解釋：你的一舉一動、一言一行，讓人感受到你氣質中的和諧，從心所欲而不脫離一定的規範，無論世界怎麼動盪，都不脫離自己的軌道。所謂氣場，就是把你的存在變成一種儀式。

其實，儀式感無處不在，它構成了美的底層邏輯。我想這也是我曾策畫過的一本書——《生活需要儀式感》暢銷百萬冊的原因之一。

在每個普通人的生活裡，我們一次次地演練著自己內心的秩序和天地的法則，這就是美。所以女孩，你不必在冬天穿單薄的衣服凍壞自己，因為雪天裡裹上羽絨服是我們和冬天之間的約定，是四季變化賦予我們的儀式感。

當然，這種儀式感，也不是只停留於表面。

日本著名作家三島由紀夫的劇作《鹿鳴館》中，影山伯爵夫人原本是一位歌妓，名叫朝子。影山伯爵之所以會對她動心，是因為一次暴力事件。有一次，一群人持刀衝進了朝子工作的妓館，叫囂著把伯爵交出來。在通往二樓的樓梯上，他們被赤手空拳的朝子攔住了。

朝子說：「這裡是我工作的地方，我就是主人，我不管你們之間有什麼恩怨，都不能在我面前動手。」

面對態度堅決的朝子，這些暴徒被說服了，客客氣氣地退出了妓館。

就在朝子攔住暴徒的那一刻，影山伯爵深深愛上了這個美麗的歌妓，最後把她娶回了家，並且不惜用一切手段俘獲她的心。

做為當紅歌妓，朝子的身體和面容當然都是美的，但打動影山伯爵的，是她對自己原則的捍衛，對自己身分的認同——保護每一個客人的安全，是她即使血濺當場，也要捍衛的歌妓的尊嚴。

認同自己的身分，在自己內心深處體驗到一種深層的和諧，這是美由內而外的邏輯。儀式感從來不會停留於空蕩蕩的皮相。美是煥發，是降臨，是美玉上生出的光暈。藉由恰如其分的姿態，你可以把世間的一切可能的美好附加給一個轉瞬即逝的瞬間。

做和諧統一的自己，才是最好的儀式。不管什麼樣身材的人，都有權利穿任何類型的衣服，只要自己喜歡，這是你的性格和喜好賦予你的儀式感。

美，就是我們每個人自帶的儀式感。

國家圖書館出版品預行編目資料

幸好不漂亮／蕭綽 著. -- 初版. -- 臺北市：圓神, 2020.06
240 面；14.8×20.8 公分. -- （勵志書系；143）
ISBN 978-986-133-718-0（平裝）

1.自我實現 2.自我肯定

177.2　　　　109004756

Eurasian Publishing Group
圓神出版事業機構
用心與你對話・視野無限寬廣
圓神出版社
Eurasian Press

www.booklife.com.tw　　reader@mail.eurasian.com.tw

勵志書系 143

幸好不漂亮

作　　者／蕭綽
發 行 人／簡志忠
出 版 者／圓神出版社有限公司
地　　址／台北市南京東路四段50號6樓之1
電　　話／（02）2579-6600・2579-8800・2570-3939
傳　　真／（02）2579-0338・2577-3220・2570-3636
總 編 輯／陳秋月
主　　編／吳靜怡
責任編輯／歐玟秀
校　　對／歐玟秀・林振宏
美術編輯／潘大智
行銷企畫／詹怡慧・朱智琳
印務統籌／劉鳳剛・高榮祥
監　　印／高榮祥
排　　版／陳采淇
經 銷 商／叩應股份有限公司
郵撥帳號／18707239
法律顧問／圓神出版事業機構法律顧問　蕭雄淋律師
印　　刷／祥峰印刷廠
2020年6月 初版

本書臺灣繁體版由四川一覽文化傳播廣告有限公司代理，經六人行（天津）文化傳媒有限公司授權出版。

定價 280 元　　ISBN 978-986-133-718-0